瞭解你殘障的孩子

斐拉麗・辛納森 著
(Valerie Sinason)
柯平順、陳寅章 譯

三民書局

國家圖書館出版品預行編目資料

瞭解你殘障的孩子／斐拉麗・辛納森
(Valerie Sinason) 著；柯平順，
陳寅章譯.--初版.--臺北市：三民，
民85
面； 公分
譯自：Understanding your
handicapped child
參考書目：面
ISBN 957-14-2444-7（平裝）

1.肢體殘障-教育

529.64 85002804

國際網路位址 http://sanmin.com.tw

© 瞭解你殘障的孩子

著作人 斐拉麗・辛納森 (Valerie Sinason)
譯 者 柯平順 陳寅章
發行人 劉振強
著作財產權人 三民書局股份有限公司
臺北市復興北路三八六號
發行所 三民書局股份有限公司
地 址／臺北市復興北路三八六號
郵 撥／〇〇〇九九九八──五號
印刷所 三民書局股份有限公司
門市部 復北店／臺北市復興北路三八六號
重南店／臺北市重慶南路一段六十一號
初 版 中華民國八十五年九月
編 號 S 52081
基本定價 肆元肆角
行政院新聞局登記證局版臺業字第〇二〇〇號

ISBN 957-14-2444-7（平裝）

First published in Great Britain in 1992 by:
Rosendale Press Ltd.
Premier House, 10 Greycoat Place
London SW1P 1SB

盧序——愛他·請認識他

淘氣「阿丹」上學的第一天，帶了個「阿丹塑像」及「錄音機」到教室上課。

原班老師久聞「阿丹」盛名，第一天上課就請病假，由代課老師上課。代課老師問阿丹怎麼才剛上課就「不安於室」的搬出「塑像」和「錄音機」。阿丹指著阿丹塑像說：「『他』是來代替我上課的，你瞧！他最乖了，不吵也不鬧！錄音機是用來錄音你講的課，因為我媽媽說你講的每一句話我都要記住。有了這些道具，我是不是就可以出去玩了呢?」代課老師說:「你簡直亂來,怎麼可以找人代替上課呢?」阿丹理直氣壯的說:「可以有『代課老師』, 為什麼不可以有『代課學生』呢?」

這個個案裡說明了當今教養與教育上的諸多問題,如果父母與老師瞭解孩子的發展與需求,也許「暴走族」的孩子就不會產生了。為了讓2000年的臺灣孩子有更生動活潑,以及更人性化的學習環境,上至教育部、教改會,下至民間各個團體紛紛卯足熱勁,扮起教育改革的「拼命三郎」。在參與及推動教育改革的過程中,我和一起工作的老師、父母們有快樂歡愉的經驗,但也有黯然神傷的時候,最重要的原因在於成人往往忽略孩子各個階段的發展與個別差異的需求,這也正是現今「教育鬆綁」窒礙難行之處,真愛孩子就必

須為孩子量身訂做適合孩子成長的學習環境。

三民書局為使父母與老師對孩子的發展能更瞭解與認識，同時對孩子的各種疑難雜症，能有「絕招」以對，將採由E. 奥斯朋(E. Osborne)主編「瞭解你的孩子」(*Understanding Your Child*)系列叢書，聘請學理與實務經驗俱豐的專家譯成中文以饗讀者。希望藉此，讓父母與教師在面對各個不同的個案時，能迎刃而解。同時在「琢磨」孩子的過程中，也能關照孩子的「本來」。

從初生到二十歲這一成長階段的關注與指南，在國內的出版品中仍屬少見。除了謝謝三民書局劉振強董事長及編輯同仁的智慧與愛心外，更盼你從這些「珍本」中，細體孩子追趕跑跳碰的童年，以及狂狷青少年的生理與心理上的種種變化與特徵。

愛孩子是要學習的，讓我們從認識孩子的發展與需要著手，然後真正的「因材施教」，使每個孩子健健康康、快快樂樂的成長與學習。

盧美貴

於臺北市立師範學院

民國85年8月1日

診所簡介

泰佛斯多診所(The Tavistock Clinic), 1920年成立於倫敦，以因應生活遭遇到第一次世界大戰破壞之人們的需要。今天，儘管人與時代都已改變了，但診所仍致力於瞭解人們的需要。除了協助成年人和青少年之外，目前泰佛斯多診所還擁有一個大的部門服務兒童和家庭。該部門對各年齡層的孩子有廣泛的經驗，也幫助那些對養育孩子這件挑戰性工作感到挫折的父母。他們堅決表示成人要盡早介入孩子在其成長過程中所可能

出現的不可避免的問題；並且堅信如果能防患於未然，父母是幫助孩子解決這些問題的最佳人選。

因此，診所的專業人員很樂意提供這一套描述孩子成長過程的叢書，幫助父母們認識孩子成長過程中的煩惱，並提供建議以幫助父母思考其子女的成長。

著者

斐拉麗・辛納森(Valerie Sinason)是倫敦泰佛斯多診所兒童家庭部門的精神治療顧問，以及該院心理障礙研究講習會的精神治療師召集人。她是個相當受矚目的詩人，並且定期在《監護人》(*The Guardian*)刊物發表有關心理衛生論題，同時也是《智能障礙與人類情況》(*Mental Handicap and the Human Condition*)的作者。此外，她育有兩個小孩。

對用詞的一點說明

世界各國每隔幾年便會修正生理以及心理障礙的用詞。這使得父母親、專家、以及各種不同障礙者難以確切瞭解目前所談論的內容。

本書書名中使用了「殘障」(handicapped) 一詞，該詞是國際上最普遍使用的術語。此外，本書還使用了其他一些描述性的術語，如「學習障礙」(代替「智障」) 和「生理障礙」(代替「生理殘障」)。本書用「輕度」、「重度」、「極重度」來描述殘障的嚴重性。

不少父母、專家以及殘障者在選擇術語時都帶有強烈的觀點。在人際交往中注意選擇用詞是一種基本的禮貌。但著書立說則需要有一個標準。因此，作者在拙著中所用術語若有冒犯之處敬請海涵。作者深感術語變化之頻繁已成一大問題，亟需我們的重視。在我們處理這個問題時，便顯得困難重重。

目錄

前言

你殘障的孩子是你親生的骨肉，他是一個有希望、恐懼、困難及獨特個性的孩子。當今世界

許多國家的殘障兒童普遍享有的機會遠比過去要多。儘管每個兒童其肢體障礙、智能障礙或學習障礙的程度各不相同，但人們對其各自所擁有的潛力已有更明確的認識。家庭、學校、醫院以及教養院已更深體會到這些兒童的情感需求與對醫療、教育的要求同樣重要。

殘障的兒童和成人其壽命也比過去要長，而且有些國家率先實施了社區計劃，或將醫院改建為療養村，為殘障者提供了豐富的生活環境。它有助於為許多嚴重殘障兒童的父母解除一大憂慮：「我無能為力時，誰來照料我的孩子?」雖然當父母的都會擔心自己日後老邁或一旦死去的話孩子怎麼辦。當你的孩子患有嚴重障礙時，一切情況就不同了。

當家庭某一成員有賴於其他成員長期或特別

的幫助才能生存時，規劃未來會給家庭全體成員更多的信心。規劃未來是為人父母的樂趣與責任，它不僅僅是個實際的問題，同時也需要做好心理準備。父母對子女的期望便是這種心理準備的一部分。

「我的大女兒順利地降臨人世，又順利地完成了學業。小女兒患有腦性麻痺，先天就有肢體和智能缺陷。我們給大女兒的計劃，包括讀小學中學，甚至上大學——現在她已經大學畢業了。我們打算讓小女兒接受語言治療和物理治療，並讓她接受我們所能提供最好的特殊教育。我們希望她們倆都能充分發揮各自的潛力。今年大女兒喬安(Joan)以優秀的成績從大學歷史系畢業；而多年來一直因語言障礙羞於開口的朱麗 (Julie) 竟然在訓練中心作了一次公開演講。這是今年最讓人驕傲的兩件事。」

彼得(Peter)和里昂(Leonie)對他們有多重障礙的女兒琳娜(Lynette)期望則不同。琳娜沒有語言、視覺、聽覺能力，雙腿也不能行走。「她僅有的正常功能是她的觸覺和嗅覺，我們決定無論如何也要為她提供一個能發展這些功能的最佳環境。」經過夫婦倆以及琳娜所在學校其他學生家長的共同努力籌措，琳娜得以享用一個能自動調節溫度、味道以及觸覺體驗的特殊房間。「看著她坐在特製的安全型水力按摩浴缸裡，把手伸進水裡，面露微笑，我們就像看到兒子在學校足球決賽中踢進一球時一樣高興。」

無論子女有哪些特長或是缺陷，父母的期望與計劃在總體上都符合他們各自的特點。本書旨在幫助你更深入地瞭解你孩子獨特的問題和潛力。

如果你有一個殘障的孩子，本書旨在提高你應付各種情緒問題的能力。無論你感到多麼地孤獨無助，實際上你並不孤獨。當一個人與常人不同，屬少數時難免深感孤獨，無論是由於種族、宗教、階級、經濟地位或教育修養的差異，還是由於肢體或智能的障礙。然而，僅在英國就有六百五十萬兒童和成人有某種程度的障礙。英國有三十六萬名兒童患有先天障礙。全世界超過百分之一的新生兒患有某種障礙。如果再加上與這些兒童有關的家庭、朋友、專家的人數，我們就可以看到我們是屬於一個多麼強而有力的團體。

每個為殘障者成立的組織，幾乎都是由殘障者父母發起的。家長們出於幫助子女獨立發展的目的聯合起來，形成一個頗有影響力的政治遊說團體。由於家長、專家以及殘障者緊密結合，有力地顯示了改善服務的需求，為近年來出現的一個新發展。目前越來越多的組織是由殘障者自己管理的，其中包括人類第一（一個學習障礙者本身與熱心人士的組合）殘障者專業人員協會，視覺障礙者教師與學生協會，英國聽覺障礙者協會。

這些成人的榜樣給殘障兒童及其父母帶來了相當大的改變。一位母親說：「我帶著女兒去拜訪保障聽覺障礙兒童安全協會的康乃迪 (Kennedy) 女士。我們發現康女士本人就是個聽覺障礙者，這使我們倆受到了極大的震撼。看著她一會兒用手語和我女兒溝通，一會兒又和我談話，使我女兒意識到日後她也能用雙語交流，及找到一個專業工作的可能。我想她的現身說法比我們前去求教的問題要重要得多。」

在瑞典、德國和英國，患有唐氏症候群、腦性麻痺和學習障礙的兒童可以由家長帶領去一種特殊的飯館，那兒的廚師、侍者都患有學習障礙。在克里斯帝安 (Christian) 博士擔任院長的德國諾克羅德 (Neuakerode) 醫院的醫療村裡，鞋匠以及村裡那個盈利相當可觀的禽鳥飼養公司員工也都是學習障礙者。

換言之，良好的物質條件，較高的期待，以

及家長、專家、兒童三方的合作能將殘障帶來的不良影響減至最低，並將個人的潛力發揮至極致。

在泰佛斯多診所舉行的智能障礙研討會上，我們就個人不同的智力類型進行區分。儘管一個智能障礙者要掌握諸如讀、寫、計算、邏輯思維等基本學習技巧困難重重，他（她）卻擁有相當的「情感型智力」。所謂「情感型智力」是指建立人際關係、理解個人情感的能力。無論一個人因大腦受傷、染色體異常、疾病或環境傷害而導致智能障礙，其辨識周圍環境、滋生愛心、產生期待與發展情感的能力仍可保持完好無損。

「那時我想戀愛結婚，這是我最關心的事。我想結婚成家，找個工作。最後我如願以償了，」二十六歲的莫琳 (Maureen) 女士說。這番話表達了許多年輕人共同的願望，毫無奇特之處。然而，莫女士患有嚴重學習障礙，她先生也患有輕度學習障礙。他們在當地一家俱樂部相識，交往兩年後結婚。夫婦倆在一家超級市場做陳列貨物的工作。儘管失業率相當高，他們卻表現出是誠實可靠的雇員。他們唯一需要的是社會工作者替他們找到合適的公寓，及定期探訪，幫助他們填寫煤氣、水電等帳單。

莫女士曾就讀的那所為患有嚴重學習障礙兒童開設的學校不設性教育、家長須知、如何建立人際關係等課程。但其父母對她個人價值的認可，以及她本人獨特的個性兩者結合，使她成長起來，並實現其目的。

以下一番話出自十七歲的約翰(John)，一個患有腦性麻痺和輕度學習障礙的男孩：「我想要自己坐著輪椅外出，逛逛商店公園。我想要自己決定什麼時候出去，而不是等著別人有空了才帶我出去。那時我很怕自己記不住能安全穿越馬路的地方，怕自己從輪椅滑出來，怕被汽車撞倒。我還怕他們在櫃臺裡看不到我，因為我的輪椅太低，怕他們不明白我的意思，因為我有語言障礙。可是我還是外出了。我出去了二十分鐘，手臂都酸了，因為我還沒有電動輪椅。可是我進入了電梯，按了按鈕，下了樓，來到了街上，最後穿過馬路進了一家超級市場。」

約翰要去的地方近在咫尺。要是他仍住在街區最後一幢公寓裡，那他就可能實現不了其自立的壯舉。電梯是由一個對殘障者需求一無所知的建築設計師把電梯按鈕設計得太高，坐在輪椅裡的人根本搆不著。幸好一位熱心的家庭醫生和社會服務工作者通力協助，他們搬了家，而約翰自身的能力也使他能充分利用該環境。後來當地政府才認識到，所有新的市政計劃都必須包含便利殘障者的各種設施。

莫女士和約翰的成功經驗向初次為人父母者表明，一紙殘障診斷，並不意味著一個充實人生的可能性從此喪失殆盡。實際上，有家長說，有時一個有障礙的孩子要比其他家庭成員在人格個性方面給予他們更大的欣慰。

不過，大多數家長需要機會表達子女先天殘障所帶給他們的痛苦，以便適當地理解殘障者的個性優勢，享受充滿希望的人生。

智力正常而有嚴重心理障礙的人和身體健全而有嚴重學習障礙的人是不能相提並論的。像琳娜那樣身心都有嚴重缺陷的人，則需要樹立不同的目標與期待。本書無法一一列舉各種殘障，但有些重要特徵、重要問題是帶有普遍性的：我們怎樣與不能說話的孩子溝通？如何提供最佳環境？在缺乏一般標準的情況下如何看待變化與發展？得知自己與常人不同時，會有什麼感受？

第一章

妊娠以及對殘障嬰兒的恐懼

精神分析學家唐納德·魏尼科特(Donald Winnicott)曾經說過，嬰兒不可能單獨存在，嬰兒和母親是一體的。沒有母親悉心照顧愛撫，嬰兒就難以存活。若嬰兒患有殘障，則更是如此。當父母的只有先深刻瞭解孩子的殘障給他們自身帶來的嚴重打擊，才能體會孩子，理解孩子的成長。此後，他們就要面臨日常家庭生活的風風雨雨。本叢書其他各冊都適合殘障兒童的家長閱讀，可與本書參照閱讀。本書的獨特之處在於著重討論因殘障而產生的種種情感和環境問題。

在一個孕婦生產訓練班上，一位準媽媽安娜(Anna)得意地說，她公婆送了她一輛漂亮的嬰兒車。在對嬰兒車的顏色、樣式、功能稱讚了一番後，她趕緊補充道:「可是我不希望他們現在就送來。」「這是為什麼?」朋友問。「就怕萬一啊,」安娜強調說。她沒有正面回答,但這一簡短回答的內在涵義是一目了然的。嬰兒車是為一個會吃會哭、實實在在的嬰兒準備的。嬰兒尚未出世，這樣的禮物未免送得過早。有時，人們甚至會很不理智地將它視為不吉祥的禮物。

諸如此類的談話在各已開發國家時有所聞。妊娠的過程是不確定的。無論醫療如何進步，妊娠早期的小產,及後期的流產仍時而發生。有些夫婦有種迷信,要是他們對嬰兒的出生過於期待,就會導致胎死腹中。

胎死腹中的可能性是個討厭的話題。「我已懷孕三個月了，現在我覺得踏實些了，」一個孕婦這麼說。人們極少坦率地談論此事。

比談論死胎更忌諱的是談論有先天缺陷或殘障的嬰兒。準父母們誰也不希望自己的孩子有先天缺陷。我們必須承認，無論親子之情多麼強烈，天倫之樂多麼美好，那孩子是多麼地聰明伶俐，逗人喜愛，沒有父母樂意考慮這種可能性。

當一對夫婦想要一個孩子時，總希望孩子至少像自己一樣聰明健康。無論我們如何試圖將程度不同的某些差異納入正常的範疇，卻一直沒能完全做到。大多數家長在得知嬰兒身心有障礙——尤其是智能障礙或多重障礙——時，最初的反應總是「出了什麼問題」。我強調「最初」一詞，因為就許多家庭而言，當最初的震驚過後，殘障兒便自然地如同正常的孩子一樣成為家庭中的一員。「現在回想羅依(Zoe)剛生下來時，我的想法真讓我難為情，」凱伊(Kay)說。她女兒羅依患有先天唐氏症候群。「如今羅依就是羅依。她有時高興，有時不高興，有時蠻不講理，有時乖巧聽話。但當時她是我們的煩惱。」

本人有意在卷首便開宗明義地提出這些棘手的問題，因為我們對這些問題缺乏應有的重視，就無法設想為人父母者撫養子女的快樂與艱難。

「如果一切順利」

「如果一切順利，」瑪麗(Mary)說。「就把我的書房改作嬰兒房，等她兩歲時就送她去附近的托兒所。」

「如果一切順利」常用來表示樂觀的期待，它掩蓋了各種可能出現的殘障與缺陷。當父母的會有幻想、

會憧憬未來。我們想像未來的歲月。只要這些憧憬想像不成為固定的模式，就會幫助我們實現自己期待中的角色。當我們想像著孩子是否漂亮聰明，將接受怎樣的教育，與什麼樣的人交往時，我們便是在履行家長的職責，享受展望孩子未來各個階段的樂趣，從而為孩子的未來作準備。在這種憧憬與展望中，極少有家長會去想像一個輪椅上的孩子、盲童、有嚴重智力障礙的幼兒、患自閉症的少年，或一個生理發育正常

而生活不能自理的極重度學習障礙的成人。

「別提那事」

喬安(Joan)很不尋常。「妊娠期內我每個月都翻閱醫學書籍，看看妊娠期的各個階段會有些什麼併發症。不管生下來的孩子怎樣，我都要做好充分的準備。在

街上，公園裡，我發現自己總是會去注意那些殘障兒童。」在孕婦保健班上，她發現自己只要一談到殘障嬰兒的問題，別的孕婦就避而不理。「一個朋友跟我說，談這個問題讓人沮喪，還會影響到她們腹中的胎兒。」我們又回到了一個同樣的迷信上來，安娜正是相信這樣的迷信而希望別人在嬰兒順利降生之後再把嬰兒車送來。

做好生育殘障嬰兒的心理準備

然而，婦女以各種不同的方式為嬰兒的出生以及殘障的可能做準備。珍妮(Janet)三十五歲時生下了患有唐氏症候群的女兒琳達(Linda)。「懷孕期間我一直迴避考慮殘障嬰兒的可能性。我是高齡孕婦，醫生要我

去做檢查。我就是不肯去做，因為那麼一來就意味著我得認真考慮殘障嬰兒的問題了。我的家人以及朋友中都沒有殘障兒，所以我不能也不願去想這事。」琳達剛生下來的頭三個星期裡，珍妮痛苦萬分，但後來母女間的親情令她驚訝。「現在琳達十九歲了。她能讀會寫，還會做飯。她很善於判斷人，我完全相信將來她會結婚成家的。」

珍妮認為她沒有生殘障嬰兒的心理準備。可是，當她拒絕接受檢查時，也許她在潛意識裡已經決定不管孩子是否殘障她都要。

有些婦女知道他們及其配偶有一種內在的能力足以對付腹中胎兒會給他們帶來的任何麻煩。同樣也有不少婦女明白他們完全不具備這種能力。各國對有殘障兒童的家庭所提供的資助懸殊極大。瑞典的阿妮達(Agneta)沒有生殘障兒的心理準備，但早期諮詢、特別經濟補貼以及各種良好的輔助性服務措施使情況有了極大的好轉。倫敦大區的寶琳(Pauline)同樣沒有心理準備。她沒有得到過任何諮詢或經濟補貼，也找不到特殊托兒所。嬰兒生理發育過程中所需要的各種有效幫助相當匱乏，無法彌補其缺陷，最後寶琳只好把嬰兒送給別人領養。

機率因素

十九歲的單身母親瑪麗(Mary)是在一次縱酒狂歡的晚會上懷孕的。九個月後她生下了一個正常健康的女嬰莎拉(Sarah)。二十六歲的已婚女子諾拉(Nora)和先生共同選擇了受孕日期，但他們的兒子史迪夫(Steven)患有罕見的先天染色體不正常。四十歲的桑德拉(Sandra)二十多年來一直想辦法要懷孕生子，卻始終未能如願。當年輕的婦女夢想著有個孩子的時候，她們很少想到過諸如不育、輕率受孕或生育殘障嬰兒的可能性。這類情況在某種程度上是難以控制，因而令人痛苦無比。

儘管有一些保障安全懷孕的指導書籍，但其最後結果還是難以預估。我們知道孕婦營養不良或飲食不當可能導致分娩併發症，二十歲以下或三十五歲以上的孕婦比較可能遇到難產。吸菸、吸毒、身患梅毒、痲疹、糖尿病以及神經高度緊張都會給嬰兒帶來不良影響。有些疾病，如X型軟弱症，是通過基因遺傳的，而有些疾病，如唐氏症候群，則常見於母親為三十五歲以上的嬰兒。實際上，歐洲半數以上唐氏症候群患者

的母親年齡在三十五歲以上。

然而，不少先天殘障或後天殘障的嬰兒是身體健康、飲食營養正常處於最佳生育年齡的夫婦生育的。據統計，全世界每年有百分之一的新生兒將患生理或智力障礙。預計全世界有百萬幼兒生下來就患有唐氏症候群。

給予支持

不少得不到足夠支持和良好服務的母親依靠自身的一種內在的能力來自我幫助。如以色列社會工作者鮑爾姆 (Baum) 女士生育了一個患有先天腦性麻痺的失聰兒子穆基 (Muki)。鮑爾姆女士辭去職務一心教子。「開始他無法控制身體的任何部分。我教會了他用

手、抬頭、坐、站、行走。我還堅持把他編入普通幼兒班。」1976年他們全家從以色列移居加拿大，鮑爾姆女士開設了一個機構，旨在幫助像她兒子一樣的殘障兒童。現在穆基已經長大成人，他會使用數據庫、文字處理以及電腦軟體，還在母親以他名字命名的機構裡擁有一個電腦職務。

不少主要的殘福機構都是由殘障者的父母發起的。

早產、流產與殘障嬰兒

1993年1月，衛生經濟處就那些身患終生殘障的早產兒的情況發表了題為「出世過早」的報告。每五個早產嬰兒中就有一個患有某種腦神經疾病，報告質疑了醫生在照料那些體重僅一磅的嬰兒時所做的幾乎為實驗性的結論。1980年倫敦一家醫院裡八個在妊娠第二十六至二十七週出生的早產兒中只有2個存活，而到了1991年存活率則為百分之五十六。

這是倫理和經濟的問題，當然有人會對考慮經濟因素是否道德提出質疑。在英國，體重不到三磅四盎司的新生兒密集護理費每年高達好幾百萬英磅。這類嬰兒幾乎有一半需要接受特殊教育。當政府考慮經費優先問題，而醫生和家長也面臨別的兩難困境。當自己家中無人受益時，指責醫療費用太昂貴是常見的，認識到不少人的生命與健康，卻依賴著這些被指責為不切實際的經費，那就不容易了。

強生(Johnson)夫婦對挽救他們孩子幼小生命的那家醫院感激不盡。班尼 (Benny) 出生時體重僅一磅半。「我當時只有一包糖那麼重，」他告訴我。儘管他最初

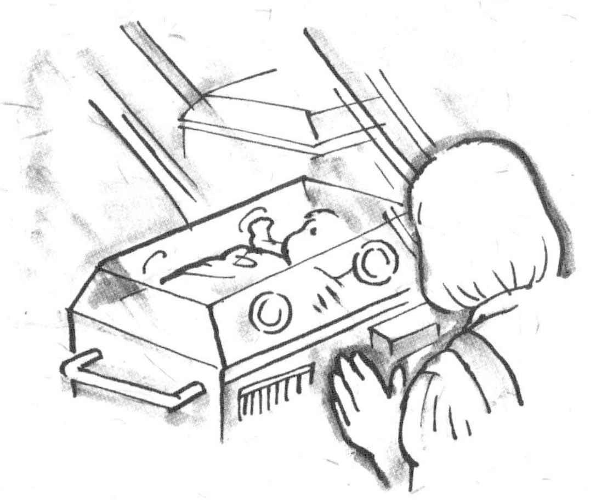

的幾個月是在保溫箱裡度過的，他的父母卻一直陪伴在他身旁。觀察細微的醫療小組把他置放在極細軟的羔羊毛上。儘管大家都知道他有嚴重的智力和生理缺陷，父母以及全體醫療人員還是為他的生命力，為他們挽救生命的不懈努力而深感驕傲。

等班尼出院回家，情形便大不相同了。「在醫院時我們覺得自己是大家庭的一員，人人都為班尼求生、發展的奮鬥出一份力，我們隨時得到支持和幫助。可是等到我們回家，一切都變了。甚至有人責備說我要這樣一個有殘疾的人活下來太自私了，我要求幫助是在增加政府的負擔。」

無論是否要孩子活下來，當父母的都會因為別人的閒言閒語而覺得自己自私。大偉(David)和他的妻子別無選擇。他們患有多重障礙的女兒出世時他們才二十多歲。他們正處於生育健康孩子的最佳年齡，因此沒有進行過任何檢查。在一次殘障兒童家長的聚會上，大偉說：「說真的，儘管我現在很疼愛小女，然而當初我們要是知道她有唐氏症候群的話，我太太肯定會去做人工流產的。」

對那些妊娠期間得過痲疹而未做人工流產或所在地禁止人工流產的母親們來說，這樣的話題真是讓人痛心。如果你本人便是智障或生理障礙者的話，你也同樣會感到傷心痛苦。

年輕的唐氏症患者艾瑪(Emma)說：「每當我在電視裡或收音機裡聽到說有檢測手段可阻止我這種人出生的時候，總是很難過。人們因為我有智能障礙總以為我不懂，其實我能懂。」有嚴重生理障礙的大學畢業生芙羅拉(Flora)說：「對『檢查』『問題』胎兒這類詞我實在難以忍受。他們想要檢查並篩去的就是像我這樣的人。」

當「檢查」與「人工流產」聯繫在一起時便會導致強烈的情感反彈。各國對人工流產的態度相差甚遠。1967年以來，在英國，只要有兩個醫生認為繼續妊娠將威脅孕婦的生命，損害她的心理或生理健康，對她的家庭帶來嚴重威脅，或者嬰兒有嚴重生理或智力缺陷的危險，那就可以進行合法人工流產。

不同的國家和宗教對人工流產持有強烈而又迥然不同的觀點。即使在同一個國家裡對此也是意見紛陳。珍女士(Jean)的兒子患有囊包纖維變性症。「每當我聽人說因為胎兒有缺陷便去做人工流產我就無法忍受。有時我對她們滿懷嫉妒，因為她們不會像我這麼受苦了，有時我又很同情她們，因為否定一個生命與面對他所帶來的傷害，須付出同等的代價。」

受孕，生命的創造及其終止都是偉大的過程。從一開始起，兩個人滿懷憧憬地結合在一起，結果卻發

生了問題，這讓人難以接受。然而，在承受苦難的同時，我們能夠體驗到無比的喜悅與深沈的親情之愛。在這種無從選擇的時候，就只有想辦法解決。

第二章

殘障嬰兒

公開的事件

你接過了自己的新生兒。如果運氣好的話，身旁堆滿了賀卡、鮮花和禮物。家裡一張嬰兒床正恭候著小主人。也許還有個哥哥或姐姐嫉妒不已。親友們正

在等候著新生兒的到來。

嬰兒的降臨是眾所矚目的時刻。即使在艱苦的時代，嬰兒的降生也總是給人帶來希望與喜悅。如果我們不把嬰兒的出生視為生活中的大事，人類必將滅亡。

既然一個健康嬰兒的降生帶給人們無比的喜悅，那麼，如果嬰兒難產，或先天殘障時，毫不奇怪的，家庭必然會經歷更多痛苦的情感折磨。羞辱、內疚、恐懼、憐憫、憤怒、厭惡、愛憐，種種情感，錯綜複雜。不僅僅家庭成員會感受痛苦。缺乏培訓的醫療人員控制不住自身的震驚時也會給家庭增加痛苦。

一個母親的話頗有代表性。「護士神情不安地對我說是個女孩。她沒有說『好可愛的女孩。』她把嬰兒往我手裡一塞。醫生也不願待在一邊。我和先生看著自己的孩子，也像護士看我們那樣匆匆地一瞥。我真不能原諒那時的自己。她真是個好可愛的女孩。」

假若醫學院、護士學校不對學生進行培訓，使他們學會鎮靜地傳達這類消息，清晰明瞭地解釋診斷結果，父母就可能因此而過度驚愕。

「我永遠也忘不了醫生對我說的話。在一個擁擠的病房裡，小寶寶睡在我身旁的小床上。醫生不安地清了清喉嚨，很快告訴我說，我的孩子有嚴重缺陷，以後生活不能自理，如果我願意，最好儘早將他送人領養或送到寄宿學校去，然後再懷下一胎。」這個母親永遠也忘不了在病房裡當眾被告知這一切時的羞辱。她兒子今年二十三歲了，在殘障之家獨立地生活著。

目前在英國，醫生要母親把她的新生兒「忘掉」的事十分罕見，但在貧窮國家這種事例還是相當普遍的。希臘的一位兒童心理學家蒂安迪斯(Tsiantis)正在為殘障兒童及其家庭創造良好的條件而努力，這樣雷諾斯(Leros)的悲劇就不會重演。雷諾斯是希臘一個殘

障者集中的小島，已成為殘障兒童供給匱乏而導致嚴重後果的一個標誌。「忘掉」一個殘障兒童的存在只是意味著把他交給那些在設備簡陋的條件下，待遇差、薪酬低、未經正規培訓的工作人員。世界各國都有一個「雷諾斯」。

本人並非指那些為了孩子的利益而將他們送入設備良好的寄宿學校的家長。當一個家長即使在獲得資助的情況下仍無力撫養孩子時，通過學校寄宿、寄養或領養等方式，由他人來撫養未必不是良策，對此本人將在下文討論。

醫護人員應以何種方式將診斷結果向父母說明？培德生 (Patterson) 夫婦得知自己的嬰兒有生理缺陷（現已五歲了）時頓時陷入絕望之中。但就在他們震驚不已之時，他們聽到了醫生同情關切的話語。「他查病房時問我們是否願意單獨去看寶寶。他安排了餵奶的時間，這樣不會打擾別的嬰兒，」培德生回憶道。「他讓我太太安穩地坐在椅子上，好讓她抱抱孩子。他說第一眼看到孩子時是會吃驚的。他向我們解釋了病情及其後果，還說我們的震驚是可以理解的，當父母的一開始都是這樣的，這很自然。他說很可能提米(Timmy)不能過正常的生活，但誰也無法估量他自身的潛力，他才生下來，而一個人身上總有獨特之處。最後他問我們是否允許他向孩子的祖母解釋病情，因為她很著急。他要我們決定後隨時去找他。」

最初培德生所看見的嬰兒還只是一個沒有名字的「東西」，然而，重估醫生同情關切的話語，這「東西」才逐漸轉變為「提米」。同時我們可以看見醫生的回應如何幫助這對夫婦來適應。

倫敦聖喬治醫院 St Georges Hospital 的霍林斯(Sheila Hollins)教授想出妙計，凡經她培訓的醫學生都

能以關切同情之心對待有學習障礙（智障）的嬰兒。「作為教學的一部分，所有的學生必須學會與有學習障礙的人合作共處。他們到我這兒來實習時，第一個上午我安排他們觀看戲劇演出，劇組成員全都是學習障礙患者。這類愉快的活動改變了他們對殘障者固有的觀念。此外，還要求每個學生回去觀察家中學習殘障者的生活習慣，並將他們所喜愛或厭惡的事物一一列出。這就使學生們認識到殘障者也能有良好的生活品質，在這之前他們僅僅認為凡有殘障者就應剔除。」

「我當初就覺得有問題」

如果醫生不以同情的口氣在私下將診斷情況或病狀預先告訴家長，家長自然會憂心忡忡；而當家長預感到醫生尚未覺察的問題時他們同樣焦慮萬分。

有時嬰兒的缺陷或病情是一目了然的。而有時當母親的能在沒有任何醫學證明之前便預感到有問題。露絲(Ruth)比預產期早四個星期出生。醫生對她的情況感到滿意，她母親則相反。「我一抱起她就覺得有問題,」她說。「沒人聽信我。他們以為我是情緒低落。一個醫生說我之所以覺得她有問題是因為我對這個孩子有矛盾心情。我相信當初我是有矛盾心情——當父母的不都這樣嗎?然而我知道不僅於此，一定是有問題。結果將近一年後才找出問題。」

要使父母明白「並不是所有的病情都能在嬰兒剛生下時就能診斷出來」是相當困難的。有時並非神情不安的醫生想要隱瞞壞消息，而是沒有明顯的跡象。當此敏感時刻，醫生的態度對父母來說是至關重要的。「要是你覺得有問題，我們一定注意觀察。不過現在各種

試驗顯示一切正常。」一位醫生發現這麼說效果相當不錯。

天生殘障的嬰兒其降臨人世的過程往往是複雜而又艱難的。有時甚至需要採取重大醫療措施來保障嬰兒的存活。有時嬰兒還得接受為期數週的住院護理。疾病、疼痛或不適會使嬰兒的哺乳和睡眠變得困難。本來是增進母子關係的大好時機,現在卻變得難以忍受。

「他好小一點，才一個小包裹那麼大小,」艾琳(Irene)說。「他不停地啼哭。我想以餵奶來安慰他——這一招對以前幾個孩子特別管用，而他卻哭得更厲害了。我怎麼做都沒用，結果兩個人都精疲力盡。他不肯睡覺，也不肯吃奶，你怎麼抱住他，他都不舒服。」她傷心地說，後來家裡人都失望得不來探望他們了。

羞辱感

一個更普遍但卻談論得較少的感覺是羞辱感：包含個人的以及家庭的。有個母親告訴我:「我在家裡抬不起頭來。他們希望我生個大胖兒子，我如願生了個兒子，可是他卻患有腦性麻痺。」她還擔心家裡有個殘障兒童會影響女兒將來的婚姻，儘管她正常健康。隨著文化的差異與期待的不同，這種恐懼與擔心的表現方式也有所不同。

夫妻間也常面臨令人煩惱的羞辱感。孩子是夫妻共同的結晶，雙方都希望孩子能取自己之長。當孩子帶著缺陷問世時，夫妻雙方首先感到羞辱，覺得有什

麼東西遭受了破壞，或是他們自身擁有的破壞性基因遺傳給了孩子。如果夫妻之間的這種情感得不到溝通，就會進一步導致夫妻關係的緊張。

在一般的家庭爭執中常常可以聽到一方說：「你女兒真淘氣」或「你兒子一點也不聽話」。情緒低落時，不少父母會把孩子的問題歸咎於對方的遺傳基因。當孩子患有無法治癒的終身殘障時，這種遺傳基因上的責任推託就變得相當嚴重了。

如果孩子一生下來就有明顯的殘障，父母首先會感到震驚，但如果情況正常的話，他們會從震驚中恢復過來。嬰兒都有著驚人的適應能力。如果不能從震驚中恢復過來，對嬰兒和父母都將相當不利。母親的眼睛是嬰兒的第一面鏡子。作為嬰兒，我們需要在母親這面鏡子裡映現出最美的形象——我就是世界上最漂亮的嬰兒。要是父母因孩子的殘障而心情沮喪或深

感內疚，嬰兒面對的就將是沮喪的眼神，並會從中看到自己令人失望的形象。父母的恢復平靜固然需要時間，一個嬰兒或幼兒要確立對自身價值的信心同樣需要一段時日。

當然，必須記住不僅僅是殘障兒童會遇到這類情況。不期而來的孩子，父母並不想生的孩子，出生時正逢母親因生活挫折而心情沮喪的孩子，或出生時正逢婚姻破裂或家庭成員亡故的孩子都會一出生便面對

一種憂鬱沮喪的環境。

湯姆(Tom)和莎拉(Sarah)沒想到會生下瑪麗(Mary)，後來他們甚至不想要這個孩子了。瑪麗還沒生出莎拉便覺得情況不妙。「我敢說生她的時候肯定有什麼問題。」莎拉連瞧她都覺得勉強。「我懷了她卻又不想要她，這真讓我覺得不是滋味。我擔心她沒生下來便出問題，因為我一直不想要她。後來我偏又難產，這下更糟了。我看到她的時候一點愛意都沒有。就好像是既然生下了，也就只好順其自然了。」

但是莎拉並沒有順其自然。她得了產後憂鬱症，湯姆只好換了個工作以便多照顧家裡。「我們倆都對瑪麗不期而至感到惱火。一直過了好幾個月我們才真正開始疼愛她。」

瑪麗十個星期大的時候，莎拉抱著她去看望幾個剛生了孩子的朋友。別的嬰兒都對著母親笑，那些母親也都滿臉笑容。莎拉猛然注意到瑪麗從來沒笑過，也很少朝她看，這是她以前從未意識到的。看著別人的孩子那麼幸福，瑪麗卻那麼緊張不安，她這才明白自己和孩子是多麼地憂鬱沮喪。「就在那一剎那，我對瑪麗突然湧起了一陣強烈的母愛。我緊緊地抱著她，對她說我真的疼她。她雖然把頭轉了過去，我還是不停地說，她這才驚訝地望著我，就像母女第一次互相對視似的。過了一個星期她臉上就有了笑容。」

由於殘障的程度比較嚴重，有些嬰兒需要更長的時間才開始笑。不少關於殘障嬰兒何時會笑的調查並沒有考慮到家庭的因素。只有當莎拉擺脫抑鬱，開始疼愛自己的孩子時，瑪麗才能健康成長。

在湯姆的幫助下，莎拉和瑪麗在十週之後真正建立了母女親情。有時親情關係的建立需要更長的時間，有時則根本建立不起來。

夫妻所承受的各方壓力

上文說過，大多數父母偶爾都會試圖推託自己對子女的遺傳影響。在普通家庭裡，孩子帶來了快樂也帶來了壓力煩惱。然而，一旦經濟問題成為首要問題，孩子給父母帶來太多的焦慮和麻煩時，夫妻關係就會變得緊張。毫不奇怪，在有嚴重殘障兒童的家庭夫妻離異的可能性較大。棄家而走的往往是難以忍受自己這一畸形兒的一家之主。

不少夫妻維持住了婚姻，可是當父親的常常過分埋頭於工作或自己的嗜好，任太太獨自處理孩子的日常生活。「我們手頭很緊，而他卻買了輛新車。我正忙著餵孩子，他卻在愛惜地擦車，就好像那車才是他的孩子，全新而且完美的。這太讓我傷心了，為他，為自己，更為可憐的孩子：她肯定知道一開始我們並沒有用心去愛她。」

當然也有不少當父親的全心全力地愛護自己的孩子。在某殘福機構服務的葛瑞漢(Graham)這麼跟我說：「我也不知道是什麼道理，德瑞克(Derek)的殘障並沒有給我帶來多少麻煩。我太太還懷著他的時候，我就

對還沒出世的孩子有種親子之情，我已經愛著他了，無論他會怎樣。孩子生下後我只能請兩個星期的假，為了彌補這一點，我一下班就回家把他從太太手裡接過來。在工作中我知道有不少當父親的袖手旁觀，什麼都留給太太。這對孩子的發展非常不利。我要兒子將來盡可能地自立，因此我需要花大量的時間和他在一起。」

性壓力

一個殘障兒的出生往往首先會帶來性壓力。孩子是性愛的產物，因此會產生性愛本身便有問題的原始恐懼。家長團體常常能消除這種想法。一個女子懷孕時會產生很多不為人知的想法。如：「但願這孩子是那次我倆真正做愛的時候所懷的，而不是別的時候——有時我並沒有全心地投入。孩子會知道這些嗎?」「今天我把家裡打掃了一遍，這對孩子不會有妨礙吧?」「我先生今天對著我嚷嚷，這會影響到孩子嗎?」「馬鈴薯上有個黑點，我是不是不小心吃下去了?」「我昨晚做愛孩子不介意吧?」如果生下的孩子一切正常，這種種想法

自然被忘得一乾二淨；要是個天生殘障的嬰兒，這些想法會馬上重新湧現在腦海中，成為對父母的一種報復。

再生一個?

當父母的在生了一個殘障嬰兒時，便會面臨是否要停止生育的問題。如果殘障兒是頭一胎的話，事情就變得相當棘手。「過去我一直計劃要兩個孩子，曼蒂(Mandy)說。「當我的第一個孩子天生殘障，這下我可實在沒勇氣再生一個了。我知道不太可能兩個孩子都有殘障，可是我不敢冒這個險。再說，即使第二個孩子正常的話，我也挪不出那麼多時間。」

也有些父母認為要是他們為殘障的孩子創造一個正常的家庭環境的話，一切就會容易些。「開始我們想要兩個孩子，可是凱文(Kevin)天生腦性麻痺，於是我們決定再生兩個。我們想，如果他是三個孩子中的一個，另外兩個孩子就至少有一個正常的兄弟姐妹，這樣就能相互幫助，還能一起幫助他。」

凱倫(Karen)的第一個孩子是個健康正常的女孩，第二個孩子是企盼已久的男孩，可是他患有先天性脊柱裂。「我們打不定主意是否要再生一個，還是就按原來計劃只生兩個。再生一個的話，上面一個正常的姐姐，下面一個正常的弟弟或妹妹，我不知道這會不會使他感到壓抑。這是不是意味著拒絕接受那個殘障者呢?」

有些家長認為就此去進行基因諮詢是很有幫助的。

當一切努力都不能奏效時

本書結尾附有專為殘障兒童及其父母提供幫助的機構目錄，可是在這類專門服務以及好心的醫生施惠不及之處，當家長的有時會做出把孩子送給別人領養的決定。

「我盡過力了。我真的是盡了最大的努力，」艾瑪(Emma)說。「我女兒有先天性生理和智力缺陷，當時我就知道自己沒法對付。我先生離開了我，我心情糟透了，手頭又非常拮据。可這還不是主要理由。我知道自己應付不了她。我打電話給社會服務機構，他們很同情我。我以為他們會說我是個狠心的母親，會要求我振作起來，可是他們沒有這麼做。他們知道孩子哭個不停的話我會控制不住而打她，可是想到又要打她我都害怕了。他們與一家專門機構聯繫，找到了一對很理想的夫婦領養孩子。他們已經領養了她，可是仍允許我去探望她。每次去探望她我都很高興，我明白她現在過的日子要比和我在一起時好多了。」

第三章

日常生活問題

過度的保護

幼兒蹣跚學步並跌倒時，當父母的總是既擔心又高興。漸漸地他們會習慣生長過程中這種不可避免的危險。可是，如果孩子患有先天生理障礙，父母的護犢之情就會持續較長的時間。既要在日常生活中保護孩子，又不至於剝奪孩子在周圍世界探索、歷險的榮耀，要掌握好這個分寸的確很難。不少殘障兒童在身體發育過程中幾乎享受不到這種樂趣，因為他們的父母唯恐出事。四歲的大維(David)患有輕度學習障礙和腦麻痺。他經常癲癇發作，有時還會「精神恍惚」。大維會走路，然而父母帶他出去買東西時總讓他待在推車裡——他們怕他摔倒或癲癇發作時跌倒在硬梆梆的地面上。他們家裡的每一處都鋪上地毯，家具的尖尖角角都細心包紮過。大維在家裡從沒受過傷，這的確是父母的功勞。

我是在一家態度友好的兒童發展診所見到大維的。這是一家學前殘障兒童診所，裡面有一臺飲料點心自動販賣機和廁所，還有寬敞的遊戲場。診所有一個由精神病學家、兒科醫生、兒童心理治療醫生、職能治療醫生、言語治療醫生以及物理治療醫生組成的多科種醫療小組，共同為殘障兒童及其父母提供一個社交場合。

在場殘障程度更為嚴重的其他兒童都興致勃勃地玩著五顏六色、逗人喜愛的玩具，要不就搖搖晃晃地走向不同的遊戲區，大維卻乖乖地坐在母親身邊的椅子上，緊緊地拉著她的手。一個幼兒突然跌倒在地，哇哇大哭。那母親攙扶起他安慰了幾句，一會兒那孩子又轉身去玩耍了。大維卻一動也不動地坐在那兒。「沒事了，」他母親說，「現在那孩子沒事了。」而大維還是緊緊地攙著母親坐著，似乎以此來擺脫災難臨頭的感覺。

我和大維母子私下交談時，大維那種如履薄冰的走路方式很是顯眼。他緊緊拉著母親的手，小心翼翼地經過每一件家具，彷彿它們是潛在的敵人。

進了房間後，他一直靠在母親身上，後來她乾脆把他抱在膝蓋上。他對房間裡的人和擺放的東西沒有一點好奇。顯然，他已完全投入到那場去除外來危害家庭保衛戰之中了，他那年輕的好奇心也成了這場家庭保衛戰的犧牲品了，這卻是當父母的始料未及的。

當他父母經過幫助，意識到大維的生長發育業已受到阻礙時，大維便漸漸地開始探索周圍的環境，並從中得到了許多樂趣。

忽略殘障者

一個陽光明媚的星期六上午，傑金(Jenkins)一家人在附近的公園裡散步。當地的人們常看見這一家子人人穿著運動服，對他們的運動才能都很佩服。傑金每天跑步，還是當地板球俱樂部的老會員。他的太太愛打網球，她在生瑪爾(Marta)以前還是個馬拉松運動員。瑪爾的名字取自一個網球冠軍，儘管她一生下來就有明顯的生理障礙。他的太太執意不讓自己為了一個有生理障礙的孩子而放棄運動，也不想讓瑪爾因為有生理障礙便與運動絕緣。

瑪爾在家裡接受嚴格的物理治療，並在朋友和鄰居們的幫助下學會了走路，生理上也得到了協調發展，這大大出乎醫生的意料之外。

就在那個星期六上午，七歲的瑪爾有點跟不上父母的步子了。她咬緊牙堅持走了幾步，隨後就跌倒在地。她疼得臉都扭歪了。她看似正想哭出來，母親在叫了：「加油啊，瑪爾！」於是她又鼓起了勁。她經過公園的一張長櫈時，聽見一位老太太對另一位老太太說：「這就是傑金的那個殘障的丫頭。他們可真了不

起。過去沒人相信她這輩子還能走路呢。」

當時我並沒有在場。許多年後，已經二十八歲的瑪爾對我講述了這事。「我永遠也忘不了那個時刻，因為它使我懂得了父母的一片苦心。他們擔心要是對我生理上的困難加以認可的話，就會毀了我正常生活的能力。他們對此避而不談，希望這樣先天的缺陷就會自行消失。他們這麼做使我很矛盾。我知道要是我父母把我的身體痛苦看得過重的話，我就永遠也學不會走路——學走路和接受物理治療的過程真是苦不堪言。但是反過來說，他們對我生理障礙的視若無睹也使我非常痛苦。」

很多相當自立的成年殘障者也都談到了同樣的困惑。他們明白，正是由於父母拒絕接受他們的生理障礙，他們才學會了不少技能。但同時他們認為自己也為此付出了情感上的代價。

卡爾 (Carl) 知道自己多虧了親友們輪流幫著活動四肢才能夠走路。他接受手術治療，以減輕腦性麻痺對雙腿的影響。「我有個朋友，她從沒離開過輪椅一步。她見識過、嘗試過的事連我的一半也不到。可是我們彼此羨慕對方。她希望父母當初教會她走路，我則希望我父母當初讓我多歇歇。」

雖然這裡主要談的是生理障礙，但也和每個家庭中父母對子女不同的期待有關。這和常有鋼琴演奏家

不無遺恨地說他們的童年沒有玩耍，只有父母不停地督促練琴一樣。

苛責殘障者

讓我們來看看傑克森(Jackson)一家：這是另一個極端。夫婦倆都是專業人員，有一個患唐氏症候群的二歲男孩班(Ben)和一個四歲女孩桑德拉(Sandra)。他們家裡有四個臥室，可是夫婦倆把兩個孩子安置在同一個房間，好讓「班正常生活」。班的主要活動就是摔姐姐的玩具，在姐姐獨自玩耍時搗亂。桑德拉剛剛搭好一間積木房，這是她所搭過最複雜的房子，她非常得意。正當她往上搭煙囪時，班搖搖擺擺地走過去把房子推倒了一堵牆。桑德拉哭著跑到母親跟前：「我討

厭班。他把我的房子弄壞了。我不要和他在一起。」

傑克森太太對女兒的哭訴感到既吃驚又失望。「你是怎麼啦，桑德拉？班好可憐，他病了呀。你能做的事他做不了，可是他真希望自己做得到。你想想他有多難過。你不可以說討厭他。他不知道自己都做了些什麼。要是你想做一個好姐姐，就該跟他一起玩。」

傑克森太太不可能察覺到二歲的班也許出於好強才去跟姐姐搗亂。她也沒想到過應該保護女兒免遭此

類打擊。桑德拉不得不分擔弟弟殘障的負擔，以及對他的照顧。然而這麼做既沒有顧及到班的情感需求，也忽略了桑德拉的情感需求。班並不是因為患病才把房子推倒的，他是出於嫉妒，而且是在人們料想不到的情況下。

瑪爾家庭忽略她的生理障礙，而班的家庭則把他的生理障礙看得太重。兩家的父母都是疼愛孩子、盡心盡力的父母，卻都走了極端。「現在我父親得了關節炎，他這才嘗到了疼痛的味道，」瑪爾說。「現在他經常需要別人照料，因此變得願意理解同情我。」桑德拉長大後成了一家殘障成人院的工作人員。童年的經歷顯然對她起了很大的作用。「要是有人不講道理，我就批評他不講道理。我不會說：『可憐的人啊，這都是因為你的病，你才說出這種惡毒的話來呀。』」

兄弟姐妹們

殘障者的兄弟姐妹很少得到他們所需要的關心和支持。一個中年專業人員告訴我：「作為一個獨立的人，我從來得不到任何關心。我得到的關心都是跟艾德華(Edward)有關的。人家都知道我是艾德華的兄弟。無論是在村裡、工作的地方、家裡或是社交場合，我自己的個性全都給抹殺了。現在我已是兩個孩子的父親了，但還是處理不好這事。要是我說不該這麼介紹一個成人，聽起來就好像我是在為自己開脫，要不就是對艾德華有所不敬。小時候我真是好痛苦。我可不想要這種因為跟某個智障兒童聯繫在一起而出名的模稜兩可地位。要是我功課不好，老師就說我要變得跟艾德華一樣了。要是功課出色，他們就說這是對我的補償。有時我對艾德華發脾氣，父母就說我應該可憐他，而他打我我不理睬他的話，他們又說我懦弱。多年來我一直恨他，倒不是因為他本人，而是因為他的存在改變了我的生活。」

十二歲的莎拉(Sarah)的經歷則完全不同。「作為一個獨生女我很寂寞，去年母親告訴我，她又要生孩子了，我聽了高興極了。貝詩 (Beth) 出生時又瘦又小，體弱多病。我們覺得她能活下來真夠勇敢的。我第一眼見到她就喜歡上了她。她是我唯一的妹妹，所以有同學說我一定是很煩惱時，我很生氣。」

十七歲的班(Ben)有他自己的想法。「丹尼(Danny)有天生的重度殘障，可是我非常喜歡他，幫著父母做這做那的。起初挺好的，可是當我要考試的時候，誰都不幫我。丹尼哭個不停，要我跟他玩。後來我把自己鎖在房間裡用功，母親又說我這麼做不公平。今年十月我就要上大學了，我知道爸爸媽媽希望我上當地的大學，這樣可以在家裡幫幫忙。真難啊，我真的很喜歡丹尼，我想以後做個殘福機構的專業工作者。我也很佩服爸爸媽媽為丹尼所做的一切。可是我多希望他們也能多為我著想啊。」

班和莎拉與他們學習障礙的弟妹存在著年齡差

異。要是兄弟姐妹間年齡很接近的話又會有些什麼影響呢？競爭顯然要激烈得多。每一個孩子都希望成為父母心目中最聰明、最健康、最漂亮的那一個。或許有人會錯誤地以為一個有殘障兄弟姐妹的兒童，是理所當然的成功者。可是兒童希望的是在公平競爭中獲勝。如果有個身有殘障的兄弟姐妹，那就意味著自己的競爭願望得不到公開承認。

於是有些兒童就變得情緒不穩，設法使自己能像那個殘障者一樣有求必應。還有些兒童深受「做個好孩子，以彌補父母的失望」的壓力。那個正常的孩子最後常常成為專業殘福工作者，就像莎拉，要不就變得心理不健康。如果當父母的得到朋友、家庭以及專業人員的大力幫助，他們就比較容易均衡子女的各種需求。

朱力(Julie)夫婦是「呼聲」(VOICE)的創辦者，這是一個為虐待智障者的家庭和成人提供幫助的全國性機構。他們最終把虐待女兒的那人送上了法庭，之後便創辦了「呼聲」。他們心甘情願地在這類問題上花費了大量時間，同時對自己的子女也非常關心注意。這便是公開承認家庭生活中的問題。經朱力一家的同意，我們將他們的話轉載如下，這些話扼要地反映出千萬個家庭都面臨的一些重要問題。

傑瑪(Gemma)（十四歲）

「但願我們能像別的正常家庭一樣，上餐廳或購物時就不會因為她而被人指指點點的。人家不知道她有病，她又沒戴著『我是殘障者──我與常人不同』的標記。有時我真希望她能戴一個，那樣的話別人就不會盯著她看了。」

馬克(Marc)（十六歲）

「我不能隨意請朋友來我家，因為他們對一個發

育良好、看上去很正常的女孩子，怎麼會光著身子走出浴室，而一點不難為情，感到奇怪。當我的朋友們（那些男的）又吃驚又覺得有趣地看著她時，我難堪極了，我為她、為朋友，也為自己感到羞恥。」

傑瑪(Gemma)（七歲）

「我的朋友罵她笨，還嘲弄取笑她，我就說你自己或者你的姐姐也可能會生這種病，所以應該同情她。我說他們要是對我姐姐不好，惹她不高興的話，我就不跟他們做朋友。」

亞力士(Alex)（五歲）

「妮可(Nicole)很特別，跟別的兩個姐姐都不一樣，我喜歡她，因為她跟別人不一樣。」

她自己這麼說：「為什麼我的腦袋跟你們的，還有我兄弟姐妹的都不一樣？我是個殘障者，這真叫人傷心，是嗎?」

當兄弟姐妹能夠和父母一起談論這些問題的時候，那麼一切就能得到正常發展。二十二歲的史蒂芬尼(Stephanie)是個醫學系學生,她有意專攻智障問題。「我小弟患有唐氏症候群，這就自然帶來了問題。家裡人人都覺得煩惱，有時候全是他的麻煩。不過我父母一直認識到這一點，每當小弟成為一個特殊的負擔時，他們從不讓我們去分擔。小弟是我生活中一個非常重要的組成部分，我簡直無法想像要是沒了他那會怎樣。我想讓別的家庭也像我這樣想。」

玩具和禮物

從一開始起，為孩子尋找合適的玩具便出乎意料地困難。那些初為人父母的常常聽從玩具製造商對玩

具所定下的年齡標準，因此就遇到了不少困難。玩具

製造商很少會考慮到殘障者的特殊需求。「我們的鄰居給了我們最大的幫助，」三十六歲的蘇珊(Susan)說。她女兒梅格(Meg)患有多重障礙。「每年梅格生日時，她總是顯得很為難，送禮物的時候一點也不自然，甚至假裝忘記梅格的生日。這麼連著三年，我才明白是怎麼回事，於是便和她開誠布公地談了這件事。」

大多數玩具店不為殘障兒童提供特殊的玩具。許

多適合殘障兒童的玩具，美中不足的是都在盒子上標明了所適合正常兒童的年齡。這就產生了一個問題。年齡標誌對大多數的父母或朋友來說當然很有幫助，但需要認識到，這些一般很有幫助的日常問題對智障兒童的父母卻成為痛苦的事情。蘇珊的鄰居知道九歲的梅格喜歡堆積木。她看中了一套色彩鮮艷的塑膠積木，正準備買的時候發現上面寫著「適合五歲以下兒童」。「生產玩具的人為什麼一定要把年齡寫上呢？只有對身體有危險的玩具才需要年齡標誌嘛。」

書籍

還有一個母親告訴我購買書籍時也遇到同樣的問題。色彩鮮艷的連環漫畫上「適合七歲兒童」的說明

令她反感，她知道那是指聰明的七歲兒童，而她十二歲的孩子可能還讀不懂這本書。「你總不能走進書店說我那十二歲的孩子就像一個六個月大的嬰兒一樣。」

這些經歷再次著重表明了最初的羞辱和失落感。它們再次提醒父母正常發展與智障兩者的差別。

二十歲的諾拉(Nora)帶了本兒童圖畫書來看我。她為能讀懂這本書而自豪。「我能認字了，真的。」她說。我說是的。「書上說這是給五歲的孩子看的，」她困惑

地補充說。「我不是五歲。我已經二十歲了。我五歲的時候讀不懂這本書。」我向她承認這是很難的。有些五歲孩子是能懂，她五歲時不行。她為自己閱讀能力的提昇而高興，這是件好事，而讓她明白自己閱讀能力還不夠也很重要。我補充說適合像她這樣成人閱讀的書，就是那種內容比五歲兒童能懂的要深一點而文字淺顯些的書太少，這可真不像話。諾拉點頭稱是。

每當視障兒童的父母看到自己的孩子無法欣賞色彩鮮艷的漂亮的玩具時，便會有深深的失落感。生理障礙患者的父母見到運動器材商店最傷心。「我最怕走過運動鞋和網球拍櫃臺。」一位父親說。「我年輕時，體育簡直就是我的生命，所以每當看到那些我兒子根本不可能用的運動器材時，我總是很傷心。」

遊戲

「如果你超過了這一心理障礙，能夠因為孩子堆起了兩塊積木或笑著推倒積木而興奮，你就會驚奇地發現自己竟能從中獲得那麼多的樂趣。」倫敦聖喬治醫

院的霍林斯教授說。「關鍵在於實事求是地瞭解你的孩子，而不是你心目中期待的那個孩子。」

遊戲是兒童的天性。遊戲是對世界的認真探索。當兒童身有重度殘障時，父母既想讓孩子多受教育，又想讓孩子盡情玩耍，常常為此而不知所措。六歲的凱西(Cathy)重度智障。她喜歡黏乎乎地用手指畫畫。她把手指在紅黑顏料缸裡蘸一下，然後在一張大白紙上胡亂塗抹，因為高興而眼中發亮。「唉，凱西，」她母親責怪道，「快畫間房子，讓媽媽看看凱西有多聰明。」興致勃勃的凱西，眼神一下子暗了下來。她把畫撕了，隨後又哭又搖。短短的幾分鐘內，遊戲就不再是遊戲了。當然並不是說對孩子的玩耍與學習不需要加以引導。可是認真負責的家長往往急於求成，這樣，孩子就得不到遊戲的樂趣。

「別的孩子遊戲玩耍，我卻在接受物理治療；別

的孩子亂塗亂畫，我卻在進行社會教育培訓；別的孩子在壁櫥裡玩接吻遊戲，我卻一再被提醒當心懷孕。我從來沒有玩過。」這種抱怨是相當普遍的。

睡眠問題

智力或生理有障礙的兒童常有睡眠問題。肌肉痙

攣萎縮、身體畸形、行動不便會給有生理障礙的兒童入睡帶來困難。

據統計，約有一半以上的學習障礙兒童有嚴重的睡眠問題，一週內至少會吵醒父母兩次。更令人洩氣的是，孩子逐漸長大而睡眠問題還是存在，而正常的孩子卻很快就過了這一階段。

有時因殘障兒童而引起的家庭壓力會造成緊張氣氛，不利於休息和睡覺。比如有些唐氏症候群兒童就可能出現呼吸問題。癲癇兒童很難安定下來。其原因有情感上的，也有生理上的。

作為父母，你會發現掌握一個嚴格而有彈性的就寢時間很有收益。蒂麗斯・桃思(Dilys Daws)在《長夜漫漫》(*Through The Night*)一書中闡述了常見的睡眠問題以及解決的方法。

不當性行為

不少學校和家長對不恰當的性行為深感憂慮時，便求助於醫生。不恰當的性行為有公開手淫、裸體、衣著不當（如穿寬鬆裙時不穿內褲）等。實際上，任何一種文化背景中的兒童都很早就懂得身體不同部分的不同意義。在正常兒童已經會看成人的眼色而知道羞恥時，許多殘障兒童仍懵懵懂懂。這是為什麼呢？

三歲的凱利(Kelly)晚上不用尿布後，白天晚上都不會尿濕，為此她很自豪。她告別了夜壺，學會了用抽水馬桶。在此過程中，她一下子有了隱私意識，上廁所要關門。她也不再願意在別人面前光著身體。她哥哥喬瑟夫(Joseph)五歲了，整天要用尿布，也不會用夜壺。他有生理和學習障礙。凱利在學會用抽水馬桶的同時，也養成了隱私意識，而喬瑟夫則越來越不避嫌。凱利尿急而又來不及上廁所時會急得亂跳——她母親把這稱為廁所之舞。喬瑟夫經常在公開場合脫褲

子小便，這使得他的家人認為不需要給喬瑟夫關於隱私的教育計劃。其實恰恰相反，他正是因為有了隱私意識才故意那麼做的。他因不能自我控制而產生的羞

恥感，被他「不懂羞恥」的表面現象所掩蓋了。

父母有時發現凱利在桌角擠壓自己的私處，但她的這一行為是相當隱蔽的。而喬瑟夫則在幼稚園或凱利的朋友來家玩的時候，公開玩弄自己的生殖器。家裡人才明白這並不是因為他沒有隱私意識。

曼蒂 (Mandy)，今年十歲，突然開始經常在自己所在的重度學習障礙兒童班上自慰。老師擔心會不會是性虐待。經向她母親瞭解，才知道原來是曼蒂的姐姐剛生了個孩子。「曼蒂擔心她是不是像姐姐一樣生理正常，擔心自己會不會有生理缺陷，妨礙她今後正常生孩子。」經和曼蒂交談，她不再擔心了，自慰也隨之停止。

有些重度學習障礙兒童因為找不到別的刺激，便在自己身上尋找安慰。有時受性虐待的兒童會當眾自慰，以此間接地反映自己所受的遭遇。無論原因何在，我們都應著重強調一點，即導致自慰行為的並不是殘障本身。

奇癖

有些重度學習障礙兒童有明顯的奇癖，常常在公共場合給家人帶來難堪。有時這是殘障造成的生理現

象（如淌口水)， 有時則是其自身脆弱性的誇張表現（如身體搖晃、咬人、手發抖、晃腦袋等)。

「我最怕和潔西卡(Jessica)一起去坐巴士。因為乘客都看著我們。她口裡不停地淌口水，討厭極了。我不停地幫她擦，可是擦都來不及擦。她身體搖搖晃晃，口裡哼哼唧唧，有時會傻乎乎地蹦一下，把人嚇一大跳。」毫不奇怪，人們會注視這類反常行為。但這種「負名人效應」很難對付。要想外出度假就更難了。「真希望有特設旅館，那我們就不用樣樣都自己操心了，上飯館也不用老是難堪了。」這是殘障兒童家長的共同呼聲。

雖然假期服務計劃尚難尋覓，但至少已有一項為學習障礙成人而設的假日計劃，它是由聖喬治醫院比科耐兒(Bicknall)教授發起的。

第四章

特殊殘障者

本章將較為詳細地討論一些主要的殘障現象。在某些方面，它對患有其他殘障的兒童的父母可能會有所幫助。

視覺障礙嬰兒和幼兒

沒有其他殘障的視障嬰兒與正常嬰兒有相同的生長發育。「蘇西(Susie)儘管看不見我，可是她照樣對我

微笑。我的朋友抱她時就不笑。她只對我牙牙兒語。」孩子的母親珍尼斯(Janice)驕傲地說。

為了幫助孩子成長,珍尼斯鼓勵蘇西撫摸她的臉。蘇西躺在小床裡，她一邊跟她說話，一邊俯下身去，輕輕地握住她的小手，把它們放在自己的臉上。腳趾和手指的接觸遊戲，也有助於蘇茜對自己、對母親的認識，而父親的鬍子所帶來的奇異觸覺感受令她興奮不已。父親一邊叫她的名字，一邊把她的小手按在他的鬍子上。正是用這類方式他幫助孩子認識了他。「我很快發現如果我邊叫她，邊把鬍子放在她的小手裡，她就會很困惑，因為鬍子竟然不在發出聲音的地方。所以現在我總是先叫她，她越來越能準確地判斷出聲音的方位，然後伸出手來。」

正常嬰兒五個月大就會眼睛和手協調配合地伸手抓玩具，而視障嬰兒需要的是培養聽覺和手的協調。約

翰 (John) 以其為父者的直覺，想出了一個最佳辦法。他在孩子前面叮叮噹噹地搖晃瓶子，孩子就會朝聲音發出的方向伸出手去。對視障嬰兒來說，這麼做花的時間是要長一些，但這的確有效。唐氏症候群兒童也需要花費較長的時間。

以後的日子裡遇到的困難更多。一旦母親不在身邊，視障幼兒便相當痛苦。因為他們不能像正常孩子那樣，當母親不在的時候，可以從對母親的想像中獲得安慰。正常人常常借助相片來緬懷亡者、思念異地的朋友，然而他們也能夠根據所見所聞產生一種心靈的畫面，只要想到這點，我們就能夠瞭解視障幼兒在自立的道路上，為邁出最初的幾步所付出的努力。

幼兒學步時都會步履踉蹌，常常跌倒。但正常幼兒看得到自己的步子，並能從視覺經驗中學會如何對付吸塵器、鞋子以及亂放的玩具。視障幼兒卻一再跌倒，得經過無數次痛苦的失敗，才熟悉樓梯、牆壁、家具等的大致所在。一位母親說：「我真不忍心看到孩子跌倒，因為他每次跌倒我都好心疼。後來我狠下心來，不做過多的呵護，對自己說那沒什麼。他漸漸長大後情況就好多了。」

當父母的必須學會處理這些問題，培養孩子一種實事求是的獨立意識。如果一開始你就闢出一塊沒有障礙物的令人放心的場地，那是很有幫助的。這意味著嬰兒或幼兒在懂得家具或其他物品的形狀之前便有機會形成一種空間安全感。地板給予孩子最初的地面感覺。在地板上搖搖晃晃地與父母玩耍，讓父母摟抱著一搖一晃，漸漸地孩子就會瞭解保持平衡的角度。

盲童

父母跟嬰兒說話越多,嬰兒學會說的話也就愈多。如果沒有別的殘障，視障幼兒在語言的發展方面，跟別的孩子沒什麼差別。但有些孩子只能用語言表述伸

手可及的事物。「珍(Jane)四歲時會告訴我洋娃娃有長長的直髮，紮著緞帶，還會說洋娃娃的衣服皺了，該燙一燙了。但她只有在抱著洋娃娃的時候才這麼說。我過了好久才發現，有時她說得少是因為手頭缺乏有趣的東西，」一位母親說。

珍五歲時，她父親驚奇地發現，他忘了一乾二淨的事，她竟能記得清清楚楚。「她能記得夏天度假時的每一件事，儘管那是幾個月前的事了。」

在最初五年裡，當父母的一般都關注兩件事。首先，由於眼不能看，孩子的表達能力受到一定限制。這就使得盡力去理解孩子的身體語言顯得尤其重要。其次，如果父母或小夥伴不跟他說話，他就會陷入一種空白的狀態。「詹姆(James)剛才還跟我有說有笑的，可是等我跟他說我得去廚房做飯時，他頓時一言不發。等我回轉來時，他坐在地毯上東搖西晃。就這一會兒的工夫他從聰明的乖孩子變成了一個患有重度殘障的孩子。」

只要想一下，我們對日常生活細微處的瞭解，是多麼地依賴我們的視覺，就能明白兒童尋找到別的交流方式有多聰明了。但願這也能促使我們提供一個更有利的生活環境。

如果一口飯突如其來地塞進你的嘴裡，如果躺在床上、嬰兒車裡或坐在椅子上，毫無準備地被人猛然抱起，如果因為有人略微移動了家具而絆倒，如果拄著盲人用拐杖去上學，卻未料人行道上停了輛車，因此失去行路安全感。凡此種種，你會有什麼感覺呢？如果你不能借助視覺來判斷別人見到你高興，還是不高興，或者無所謂，那你又會有什麼感覺呢？

輕聲細語、動作輕柔地做每一件事有助於孩子的情感和認知能力的發展。毛莉(Maureen)在被問及撫養視障孩子的最大困難時說：「這和我們家的那隻貓有關，雖然這聽起來有點奇怪。我一向喜歡貓，上次養的那隻貓，從來不肯安安靜靜地坐在我身上，讓我撫摸。牠喜歡滿屋子亂竄。要是我在看電視，牠會突如其來地不知從哪兒蹦到我身上，我並不以為意。可是跳到莎拉(Sarah)身上的話，她會受不了，儘管她膽子很大，已經學會了騎車，還是常有驚人之舉。她受不了意想不到的事。我想把貓關在別的房間裡，但沒能做到。我知道有些視障孩子的家裡會養寵物，在我們家就不行。」

對於某些因視障引起的問題，莎拉最後求助於治療。治療時她選了一只毛絨絨的玩具貓，興致勃勃地將它準確無誤地投擲到醫生的身上。後來她對貓就不那麼害怕了。當你得不到視覺信號時，要抵禦攻擊就非常困難。

多娜(Donna)談了另一個問題。「白天一切順利，山姆 (Sam) 就是特別怕睡覺，一到睡覺時間就大發脾氣。一段日子後，他才解釋說聽到聲音就怕。」白天父母、小夥伴還有老師會解釋發出的是什麼聲音，會事先提醒。車輛喇叭聲、開水翻滾聲、油脂滋溜聲、水龍頭滴水聲、窗帘飄動聲，還有煙囪裡竄上竄下的風聲——家家戶戶充滿了無以計數的種種聲音，我們正常人習以為常，聽而不聞。

晚上沒人來解釋那種種聲音，如樓梯的咯吱聲、飛機的轟鳴聲，或冰箱的嗡嗡聲。白天大家都在說話，聽不到這些聲音。臨睡前講講故事，說說話，有助於孩子定下心來。正如上文所提到的，不少有不同殘障的孩子都有睡眠問題，而孩子脆弱的心理，往往和父母的擔憂結合在一起。

視覺障礙學童

安吉拉(Angela)從事視障兒童教育。她能夠向視障兒童的父母們提供些什麼建議呢？「我所面臨的一個最大問題是如何進行保護。會活動的東西都在桌上，大家都圍桌而坐時沒問題。可當他們淘氣地東跑西竄時，我得時時壓制自己，不讓自己出語提醒。這對當父母的來說實在很難。」

還有件事得提一下。那和顏色有關。一個從未見過任何顏色的兒童，難以理解顏色這一概念。有些顏色無關緊要，但要是講到『黑』夜或開燈的時候，班上的孩子們就沒法懂了。有個孩子問能不能把燈打開

(燈是開著的)。我問他為什麼要開燈，他說『好叫雨停了』。

這孩子是個非常聰明的孩子，但他不知道如何使用這類詞，因為他沒有視覺體驗。有些家長費很大的勁讓孩子記住各種顏色。比如我班上有幾個孩子能說出他們每件衣服的顏色，而顏色本身對他們其實沒有任何意義。這些孩子都挺得意，然而，是鼓勵孩子瞭解正常人的世界，還是試圖否認實際存在的障礙，要劃分這一界限非常困難。」

性教育

許多殘障兒童和青少年得不到正常的性教育。有種奇怪的想法認為，如果他們不能看和聽，不能說話

或行走，他們就沒有性的需求。十六歲的約翰(John)是個非常聰明的小伙子，後來他上了大學。他說：「沒人告訴我任何有關我身體的事。我想他們準以為我是個盲人，就不知道自己有生殖器。如果我以後從事視障青少年教育，我一定要讓他們受到正當的教育。要是你對自己的生理現象一無所知，那你在情感上，社交上都會遇到很大的風險。」學習障礙的青少年也有同樣的問題。

聽覺障礙嬰兒

如同視障嬰兒一樣，只要沒有別的障礙，能以其他方式進行交流的聽障嬰兒，像別的兒童一樣正常發育。聽障並不影響情感的發展，而由於聽障兒童有視覺優勢，他們的生理發育也相當正常。只是在語言方面需要花些工夫。有些國家採取一種特殊的教育方法，即讓部分兒童不學手語。正如一個視障兒童需要培養耳與手的協調以代替手眼協調，聽障兒童需要用手語來彌補口頭語言方面的不足。手語本身是一種合適的語言，如果一開始就與唇讀結合起來教，較能避免教育的失敗。

長期以來，由於缺乏會使用手語的專業人員和家

長，聽障兒童被錯誤地認為智力發展有障礙。手語的停止使用使得大多數聽障者的語言難以為人所理解。

令人難以置信的是，手語在整個西歐和美國直到最近才獲得解禁。在英國的大約八百萬有聽覺障礙的人當中，只有五萬五千人使用英式手語。與許多其他障礙不同的是，該領域的活動人員建議分校教育，以便聽障兒童能將自身的語言作為第一語言使用。

唐氏症候群

像腦性麻痺一樣，唐氏症候群引起的障礙程度各不相同。除了不同程度的學習障礙之外，另外還有先天性心臟病、聽覺問題和嚴重肺部感染等威脅。四十歲後大多數唐氏症候群患者還會有患老年性痴呆症的危險。不過，幾十年前，唐氏症候群患者很少能活到三十歲，現在則通常能活到五十至六十歲。

在嬰兒時期，較差的肌肉彈性與控制，以及大於常人的舌頭，導致了進食困難和言語障礙，不過，語言的發展頗有改善。

當父母的通過與孩子交談、遊戲來幫助孩子的語言發展。對於唐氏症候群患者來說，若能增加有助於鍛鍊面部肌肉和舌頭控制的遊戲是很有效的。但所有殘障兒童的父母都必須注意，遊戲就是遊戲，不能以此代替物理治療。

家庭、教師和朋友們需要改變一個嚴重的錯覺，即患有唐氏症候群兒童的態度格外友好 。本人在拙著《智能障礙與人類情況》(*Mental Handicap and Human Condition*) 中指出，人們鼓勵兒童患者不合時宜的微笑、擁抱他人。有些患者態度固然比較友好，但

去鼓勵孩子用一種模式適應卻是不利的。

要理解一個兒童患者的重要情感問題，是外貌不同給他帶來的重大影響，而我們幾乎都低估了這一影響。有位小姐告訴我，「我參加學校的假期活動時，遇到了一個長得和我一樣的人。」在她那所混合學校裡有幾個生理障礙兒童，但唐氏症候群患者只有她一個。度假回來後，她向母親要了一面鏡子放在臥室裡。她花了很長時間研究自己的臉。最後，她問為什麼自己與

假期裡的那個小姐看來很像，而不是與家人更為相像。

在泰佛斯多診所的小組活動中，我們發現一群人中唯有一個唐氏症候群患者時，他會很痛苦。至少得有兩個才行。當父母為孩子選擇普通教育的學校時，應瞭解一下該校是否有其他唐氏症候群患者。

自閉症

每一萬名兒童中約有十一名自閉症患者。嬰兒自閉症在兩歲半以前出現。這些兒童語言和說話的發展遇到嚴重問題，尤其難以理解諸如「你」、「我」之類的代詞。他們缺乏一般的反應，以及與他人的目光交流。他們可能面部表情和身體姿勢很不正常，身體的運動也是僵硬的、機械性的。對童年自閉症的診斷，通常是在長達三年的異常發展之後。百分之八十的自閉症患者有智力缺陷。

這對父母有哪些影響呢? 專門研究自閉症的雷德(Reid)醫生說:「那些外表正常的自閉症兒童的父母與那些明顯殘障兒童的父母感覺不一樣。當人們看到孩子行為怪異時,總是批評父母不盡責。這就使得外出活動尤其困難。那些參加我們特別舉辦研討班的家長們,有的還對孩子所經歷的種種診斷加以抱怨。有的被直截了當地告知自閉是因為器官受損而引起的,這常常意味著無法治療。這麼一來,自閉症兒童就只能任憑不同專家、醫生的處置了。有的說無藥可救,有的卻說完全可以治癒。我們認為原因是多種多樣的,而且,無論是否器官受損,治療在情感上能夠有所幫助。我見到不少父母都很關心生活環境給孩子所帶來的影響。有種觀點認為,如果孩子的病起因於某種心理因素，產生變化的可能性就比較大。有父母樂於持這種樂觀的想法。」

生理障礙及其他障礙

一個有生理障礙兒童，如果沒有其他障礙，也許能有幸進行正常的情感發展。然而，長時間的住院治

療，與家人經常分離，身體所承受的痛苦，這一切都會產生影響。而這些困難的克服，則特別需要以家庭為後盾。有助於生理障礙兒童正常生活的各種設施，在許多方面已經有了逐步改善，如越來越多的中小學校、大學設置了方便殘障者的坡道和廁所，因此殘障人士能夠享受正常的教育，尤其是高等教育。

以下列舉了一些其他種類的殘障，並對每種殘障作了簡短的說明。

腦性麻痺：大腦受損導致行動困難。主要的損傷發生在大腦裡，因而無法治癒，儘管有些情況下，通過手術可改善病人的生理功能。腦性麻痺會導致嚴重的智力缺陷、癲癇和語言功能障礙，這種情況是連續性的，也有些兒童智力正常。後天的病因有嚴重初期半身麻痺、腦膜炎和腦炎。早產、缺氧、痲疹以及弓漿蟲病也是導致腦性麻痺的一個因素。

腦炎：影響腦物質的一種傳染病，可由與腦膜炎有關的同一種病毒引起。腦炎可導致半身麻痺、下肢麻痺、癲癇、情感動盪和智力缺陷。

癲癇：大抽搐是一種最常見的癲癇病，發作時患者會突然失去知覺。此外還有發作時，因跌倒而受傷的問題，以及大小便失禁的可能。新生嬰兒發生抽搐時，會兩眼發直或抖動不已，而不是驚厥。剛出生數日的嬰兒驚厥通常是由產後受驚引起的。小抽搐是指那種持續時間短、發生頻率高的知覺喪失，但不伴有身體抖動或失衡。

顳叶癲癇：可由恐懼、異味、疼痛或耳鳴引起。發作時會產生說話困難以及幻覺。

脆弱X症候群：每六百名男性中大約有一名患有X染色體基因導致的無特徵智能障礙症。脆弱X最易識別，在各種智障中占很大的比例，而且通常很嚴重，會造

成語言會話能力的延遲。其一般特徵為大耳朵和長臉。攜帶這一基因的婦女中有三分之一是學習障礙者。攜帶脆弱X變異基因的男性也有智力正常的，他們的女兒會遺傳其變異基因，但不會有智能問題，而他們的外孫卻將身受其害。任何受脆弱X變異基因之害的男女，他們的母親都是這一基因的攜帶者。對於這些情況的瞭解，產生了諸如是否要對一個最終或許會影響其外孫的男孩，進行鑑別之類的道德問題。

這種症候群還牽涉到一些特定的語言問題，如鸚鵡式複述症、口吃和說話含糊不清，這些問題在脆弱X症候群患者身上，表現得比在唐氏症候群患者身上更為嚴重。患者另有甩手、咬手、目光接觸不良和活動亢進等症狀。在一次由美國丹佛兒童醫院 (Denver Children's Hospital) 的海傑曼 (Hagerman) 醫生組織的大型學術會議上，當父母們發現子女的奇特行為有某種器官性原因時，不由得寬慰之情形於色。

大頭症：由腦脊髓液過量所引起，常伴有高顱內壓和重度學習障礙症。

新生兒缺氧：新生兒出世後，不能立即同步呼吸。雖然嚴重缺氧的新生兒，以後可能會出現學習障礙、腦麻痺、癲癇或行為混亂等跡象，卻很難確定嬰兒到底是受腦缺氧的傷害，或腦缺氧本身是由大腦內部潛在的反常因素所造成。

鐮狀細胞性貧血：一種遺傳性血液紊亂症，非洲一加勒比海人患此症者尤多，亞洲和中東也有患此症者。該症會引起巨痛，尤其是在人體脫水、身處高海拔地區，或妊娠時運動量較大，和處於壓力之下等情況時。「我不喜歡白人，」一個十四歲的黑人孩子說，「因為每當我在學校感到疼痛不堪時，老師總一味認為我是在搗亂，不由分說地就把我送到精神病院去。到了那兒，他

們才發現我有鐮狀細胞性貧血，而我的腦子是很正常的。要是一個白人像我這樣，我敢保證他們會聽他解釋的。」

肌肉痙攣症：腦麻痺的一種，包括四肢麻痺（四肢均受影響）、兩下肢麻痺（主要下肢受影響）和三肢麻痺（只有一條手臂正常）。脊髓四肢麻痺症的患者主要是患有雙重半側麻痺症的兒童，患者手臂受影響的程度遠比下肢嚴重。

在有些病例中，嬰兒受到腦缺氧和出生時損傷的影響，而有些兒童則在最初幾年中受疾病和損傷的影響。腦麻痺的種類包括指痙型、僵直型、共濟失調型、震顫型和張力減退型。

脊柱裂：一種與脊椎骨畸形有關的骨缺陷。

住血原蟲病：由某種幾乎為害所有動物的寄生蟲所引起的感染病。妊娠婦女若感染此病會影響其胎兒，導致嬰兒的大頭症、大腦機能損傷、重度學習障礙、癲癇以及視覺障礙。

第五章

醫療技術的介入

手術

當嬰兒生來即患有重度障礙或疾病時，父母往往面臨雙重的難題。他們一方面開始瞭解孩子，以及孩子所患有的疾病，一方面又被要求同意對孩子施行手術。湯尼(Tony)說：「我們已接受了孩子所患殘障的嚴重性，我想孩子活不長。當醫生來徵詢是不是給孩子做一次手術時，我的確非常矛盾。當時我想只要說『不』，就沒那麼多煩惱了。可是最後我沒能這麼說。於是孩子動了手術，現在他已三歲了。我由衷地感謝手術挽救了孩子的生命。」

手術會給成人帶來種種憂慮和擔心，對嬰兒又會有什麼影響呢？有人認為在嬰兒時期施行手術，不會像在將來那樣帶來很多痛苦，因為嬰兒沒有記憶。然而，儘管嬰兒對醫院、手術沒有概念，對他們身心的侵入卻會留存在他們的記憶深處。

敏感性

對各種殘障來說，醫療技術的介入是很常見的。凡醫生和護士，當然都受過良好的醫療和護理培訓，但個人在態度和敏感性方面，卻仍存在著相當的差異。

澳大利亞精神病學家亞佛力(Averil)，觀察了幾家醫院新生兒與護士之間的接觸情況。她注意到肛門體溫計的使用，造成嬰兒相當程度的緊張，而腋下體溫測量則不會引起嬰兒的不安。護士當然不是故意對嬰

兒進行沒有必要的打擾，她們接受的就是這種測量嬰兒體溫的培訓，而這種培訓在某種程度上，使得她們對嬰兒的痛苦無動於衷。她們很樂意接受幫助並作了改進。

嬰兒通過身體語言表達自己的感受，稍大些的兒童則用語言表達。生來就患有腦性麻痺十二歲的諾米(Naomi)說：「他們讓我在一間好冷的房間裡等著，我身上的病患服短不遮體。我覺得自己真醜，太丟人了。

醫生總算來了，可是他根本沒怎麼自我介紹，光是吩咐我抬腿、彎腿、伸腿等等，我好疼，可是接著他就對那些醫學生談論我的病情。」

定期進行手術的約翰(John)經歷要好得多。「醫生進來後總是向我問好，問我感覺如何。他總是告訴我今天要做些什麼，為什麼要做這些，還告訴我疼還是不疼，我會有些什麼感覺。」

患有脊椎畸形的莎拉(Sarah)，由於手術不成功而半身癱瘓。「他們為何老是不讓我安靜呢？我知道我不能正常行走，我認了。人人都想要我變得正常。但我不是正常人。這下可好，我比以前還要不正常了。」

整容？有此必要嗎？

莎拉的話引出了一個常見的道德問題。應如何看待殘障者？外科手術總帶有一定的風險。有時不施行手術，病人會有生命危險，因此手術本身就不那麼讓人擔心了。但有時手術不過是為了矯正外觀形象。

「我一再接受手術治療，那種說不出的難忍之痛我可受夠了，」患有腦痲痺和輕度學習障礙十四歲的馬汀(Martin)說。「不過現在我看上去好多了，走起路來不那麼傻頭傻腦了。」與那些考慮多年後，決定對破相的胎記施行整容手術，手術後深感欣慰的正常成人相比，這種體驗是完全不同的。那些人通常經過自己的

深思熟慮才作出最終的決定的。

與成人不同的是，當一個兒童接受手術治療時，人們很少徵詢他的意見。馬汀經過了一連串痛苦難忍的手術後，很高興自己「走起路來不那麼傻頭傻腦了」，瑪麗(Mary)的情況卻不一樣。「由於大腦受損，我不能正常行走。因為我不能正常行走，別人老盯著我看。我去醫院治療，真是吃盡了苦頭。在很長一段時間裡，我連一步也不能走了。現在我還是不能正常行走，只是殘障程度略微減輕了些。然我還是有殘障啊。我父母為什麼就不能讓我像原來那樣呢？他們為什麼一定要改變我，讓我受那麼大的苦呢?」

有時當父母的的確是受不了自己的孩子與眾不同，才試圖去改變他們，好讓他們像別人一樣正常。但也有些父母是因為堅信孩子最終會從中受益，才不顧孩子的怨恨，狠心讓孩子受苦的。

「我的身體經過了醫生們的折磨，父母也不停地逼著我鍛鍊。後來我再去看我第一個醫生時，他大吃一驚。他怎麼也想不到我竟然能走路了。」二十三歲的傑弗瑞(Jeffrey)說。

同樣地，人們會認為這類問題只與殘障者有關。然而，有很多家長都為孩子定下過高的標準，以為這樣便能充分發揮孩子的潛力。孩子、父母和醫生應該共同認真考慮這些問題。

比如在德國，一種能使唐氏症候群患者的臉部顯得正常的新手術，便引起了爭議。很多家長對這一手術的道德性深感困惑。「如果孩子看上去正常，別人對他的態度就完全不同。他以本來面目進入社會，該怎麼樣就怎麼樣。如果他外表正常，他得到的最初反應可能會好些，但當人們發現他並不像外表那麼正常時便會困惑。」一位父親說。有一對孩子已接受手術的夫婦看法有所不同。「現在我們看著孩子時一點也看不出殘障的跡象，這樣我們就能更愛她了。而原來她那樣子總讓我們看著彆扭。我們知道她有殘障，但用不著天天看到這一點，使我們感覺好多了。」

第六章

學校

許多國家對患有生理或學習障礙、或兩者兼有之的兒童提供特殊教育補貼。在英國，如果殘障兒童所在的學校沒有提供應有的設施，便可根據家長的要求和多學科小組的建議，就兒童的特殊需要提出報告。

百分之十八的兒童有各種特殊的要求，但只有百分之二「患有嚴重而又複雜殘障的兒童」才有權享有特別專款支助。

通常由教育心理學家或校長提出評估的要求，但家長也可提出這一要求。整個評估過程支出大、費時長。家長至少要等一個月才能知道評估的要求是否獲准。如果獲准了，與該殘障兒童有關的專業人員都要提出報告，而家長的意見是舉足輕重的。若決定進行評估，當地政府就寫一份報告草案，並提供家長草案副本，以供他們進行修改。隨後寫出最終報告，家長如果不滿意可表示反對。

當地政府每年要對兒童特殊需要報告進行審核，並對年齡在十二歲半和十四歲半之間的兒童需要進行第二次評估。

當家長認為報告有欠公正，或認為當地政府落實報告不力時，越來越多的人尋求法律幫助。著名專業律師每年受理此類案子可達一百五十件。

目前在英國父母為子女利益採取法律行動容易多了，他們可以免付訴訟費：這是1989年所通過兒童法的一個副產品。

東尼(Tony)患有腦麻痺及重度智力障礙。他父母認為他最大的問題是語言障礙。東尼渴望與人互動，可是除家人外，誰也無法理解他發出的各種聲音。他的特殊需要報告提出這一問題，並明確指出他需要接受語言治療。但他所在地區未提供這種治療，為確保孩子獲得治療，他絕望的父母便對政府提出訴訟。

同校教育還是分校教育

在英國，約有百分之二十五的殘障兒童在特殊學校接受教育，義大利是百分之七，美國是百分之五。大約每過十多年，殘障兒童到底是在綜合學校還是在特殊學校發展，較為有利的觀點便有一次大轉變。我所接觸到的大多數家長認為，排除政治的因素，兒童在任何一所校風好、管理有方、與家長保持密切聯繫的學校裡，都能得到最佳發展。有的學校聲稱是綜合學校，但殘障兒童總是隅於一角，得不到注意，指導老師也很少關心，這種情況下，特殊學校就可能提供較大的幫助。但也有一些特殊學校校風低落，則一所受校長重視的普通學校便有利得多。家長們對孩子是否適合學校生活知道得最清楚。如果有疑問，應先與導師取得聯繫，隨後可再與校長或教育心理學家聯繫。

教育心理學家

我請畢察(Bichard)醫生談談教育心理學家對殘障兒童所負有的主要職責。

「教育心理學家是專家小組的成員，他們經常要對兒童的需求進行評估，看他們在學校是否需要特別的關心和照顧。教育心理學家通過認知測試的手段對兒童進行評估。測試內容包括兒童以各種不同方式，學習不同事物的能力。其中有語言能力，如自我表達能力、瞭解周圍世界的能力，以及掌握事實、理解學校所教授知識的能力。非語言性技能有不借助語言解決問題的能力，細緻觀察周圍環境的能力，以及手眼協調等發展性技能，這些技能對讀寫能力的培養有重要作用。

此外，教育心理學家還應瞭解學生是否有影響學習能力的憂慮或矛盾，它一般要通過想像測試的手段進行，如畫畫、講述故事。兒童經常以請別人代勞的方式，流露出內心的恐懼和情感問題。

教育心理學家鑑定教室和學校是否適合於兒童。

這包括鑑定一個教室或學校是否能滿足殘障兒童的特殊需求,對兒童的特殊需求是否提供了應有的設施(尤其是為生理障礙兒童或視覺障礙兒童),以及教職人員和其他兒童的適應性如何。為了做出正確的評估，教育心理學家花大量時間在學校進行觀察、談話。

教育心理學家是按照教育法(1981)的要求進行其評估工作的。評估是特殊需要報告申請手續的一部分。報告一旦擬定，學校和教育當局就必須遵照執行。只有在提出對新報告的擬訂要求之後，才可廢除原來報告。報告通常在兒童接受正式教育的初期獲准實施，同時把教育心理學家介紹給兒童家長。但有時孩子只需學校內教師的幫助便能應付正規學校最初幾年的學業，到後面階段，才會出現情緒緊張和學業不佳的現象。這種情況又常常出現在從幼稚園進小學、或從小學升入中學等過渡時期。在此時期不斷增加的學科難度帶來了緊張和壓力，而環境的變化、需要掌握的內容日益增多，使得學生難以應付。特殊需要報告可於此時制訂。

報告可提出學生留在正規學校的建議，如果學生在校期間，室內外都能得到特殊幫助。報告也可建議為學生提供特殊的學習環境，如進入專為視覺障礙、聽覺障礙兒童、情感和行為異常兒童、生理障礙、身體病弱或智能障礙兒童開設的學校。報告循例經家長過目，他們可以提出自己的看法，對報告提出不同意見。如果家長認為自己的子女沒有得到恰如其分的評估，他們可以要求進行再評估。

教育心理學家的另項工作是定期訪問正規學校和特殊學校，學校如發現學生學習有困難也可尋求教育心理學家的幫助，或就課程設置、分班情況、社交技能、家長的影響等問題向教育心理學家提出諮詢。十三歲以上兒童的特殊需要報告需經教育心理學家的審核。如果在這一時期發現問題，需要對兒童進行再評估。」

教育心理學家的訓練包括：對發展心理學的背景有很好的瞭解，掌握學習環境、家庭、教育系統的訊息，利用諮詢手段和學校、家長一起工作，以發揮作用的情感因素。這一行的手段包括各種測試，觀察技巧，管理技巧，和教育中的經歷。

第七章

早熟兒童

自立

「太荒唐了,」三十多歲漂亮的職業女性蘇菲(Sophie)不平地說,「我獨自經營著一家公司,已經擁有了一棟市內公寓和一幢鄉村別墅,而我母親還老是

打電話來叮囑我穿得暖和些。」

無論我們的父母會做出些什麼，我們永遠是他們的孩子，這點不會改變。殘障的成人只能聽憑父母對他們的過分關心照顧。但常常被人們所忽略的是，父母過分的關心照顧，往往並不僅僅由於子女的殘障。「我母親老是打電話來問我是不是到家了，」坐著輪椅的茉琳(Maureen)說，「真是讓我氣惱。但我知道，她對我那身體健康的姐姐也是這樣的。」

必須承認的是，儘管所有子女帶給父母的總是有苦有樂，一個殘障者的家長，對其孩子的關心照顧會持續得長久些。「琴(Jean)聰明可靠，」一位母親說。「但她獨自外出時，就變得很脆弱。人們會發現她和別人不同，隨後毫不顧忌地就說出來。」

子女殘障的程度愈嚴重，要父母放手讓他們自立就越難。從某種意義上來說，我們必須承認有這樣關心愛護的父母，確是殘障者的福氣。三十五歲的珍妮(Jenny)不會說話也不會使用手語。她是個有嚴重生理缺陷的智能障礙者，生活完全不能自理。她用身體表達自己的意思——如果覺得餵給她吃的食物味道好，她能夠清楚地表達出來，如果味道不好，她就一動也不動。專業人員都清楚地知道，她母親的照顧比什麼都強。

「她簡直連一個小孩子還不如，」她六十五歲的母親兼保姆說。「我真擔心以後我更上了些年紀，沒法再給她擦洗或照顧，那時怎麼辦。至於現在，由我來照顧她當然最好了。」社會福利服務機構已經為她落實了她母親將來照顧不了她時安置她的地方。那兒的房間乾淨明亮寬敞，工作人員都受過良好的培訓，非常善於關心照顧別人，但珍妮要想得到如她母親那樣無微不至的關心照顧卻是不可能的。

史蒂芬(Stephanie)的情況有所不同。她已三十五歲，有輕度智能障礙及唐氏症候群。她和身體虛弱並患有關節炎的老母住在一起。「媽媽說晚上我不能出門，因為外面有壞人，他們知道我有病。但我知道她是要我一直陪著她，因為她怕自己會跌倒。」

當父母的對子女與他們關係密切程度的期待各有不同。如果史蒂芬沒有殘障，她母親很可能同樣會表現出她的占有慾來。但有殘障子女的家長應該事先做好安排，盡可能地培養孩子的獨立生活能力。的確有很多單身成年人（女性占多數）傾注全力照顧父母(通常是寡母)，但對一個有學習障礙的成人來說，要承受這種壓力就難多了。

祖父母與父母

正當那些做父母的日漸適應孩子的殘障時，他們突然發現自己的朋友都已當上祖父母了。這會使他們再次深感失落，而這種失落感完全是由孩子引發的。有時別的正常子女成了家，生了孩子，這就能減輕父母的失落感。

但每當念及成人子女，尤其是有智力缺陷的子女所有的深切失落感，當父母的總是相當痛苦。

本人在《智能障礙與人類情況》一書中提到過一個在月經期，總是悶悶不樂的極重度殘障年輕女子。我花了很長時間，才瞭解到她之所以悶悶不樂，是因為有月經就意味著她沒懷孕。的確，她對自己不能懷孕，不能親身感知自己所不曾有過的經驗，對自己生理上、精神上缺乏撫養孩子的能力深感怨恨。

性能力

正常兒童的性發展常使父母感到難堪。也確有許

多父母希望學校對孩子提供性教育。遺憾的是，很少有學校對殘障學生開設應有的性教育，和人際關係課程。實際上，家長和專業人員更是不約而同地試圖忽略殘障青年和成人的性要求。

這種不約而同的「忽略」，蔓延到建築和其他行業，因此在設計住房時根本不考慮殘障者的隱私需要。倫敦某一地區的居民，對附近一家俱樂部裡的殘障者，有傷大雅的性行為頗有怨言。原來殘障青年和成人只有在街上、花園裡或廣場上，才能找到不受人打擾、相對隱私的地方。

為有生理障礙者提供陪同人員和車輛服務的社會服務俱樂部，總是在活動剛結束就把殘障者送回家，不給他們自由活動交談的時間。對那些生理上，經濟上都不能自立，不能隨心所欲地去看電影的青少年來說，幾乎沒有什麼能發展個人關係的去處。

在雇有看護的家庭裡，在集體之家的臥室裡，殘障者，被明確告知不得接待客人。「臥室是你睡覺、讓你獨處的地方。退而言之，我們為你提供的設施是大家共享的，」一位住處管理人員說。

有的殘障者最後很可能就選擇獨立生活。還有的則變得無法與別人建立密切的感情。可是，如果我們拒絕承認殘障成人的性慾，我們就遏制了他們情感發展的潛能，由此，我們可以看到中年殘障女性，打扮得像個小姑娘似的穿著短襪東走西逛。

隱藏在拒絕承認的表象之後，最令人擔心的在於怕殘障者生孩子。當看見一個十二歲的少年與朋友接吻時，沒人會就懷孕的可能性提出警告。而一旦兩個學習障礙者被發現在接吻，那就該召集會議討論了。真是所謂談虎色變，一看到事物的表象，馬上便會使人對其可能，而事實上根本不存在的結果產生恐懼。

有個外表看不出有智力障礙的男青年說：「假如我遇到一位心儀的女孩，女孩也對我有意，於是我倆一起外出。也許她會發現我有智力障礙，就不再和我一起外出了，那我一定很傷心。」我說他還沒遇到心儀的女孩，就已經設想到了會發生的事情。實際上，他只是把他父母以及社會服務人員所擔憂的事，明白無誤地說了出來。

殘障者之間的婚姻至少不比正常人更糟。跟別人相比，殘障者生孩子也並沒有遇到更大的問題。

第八章

結　論

讓我們再回到本書開頭莫琳 (Maureen) 的目標上來。她說她想戀愛結婚，找個工作，有個自己的家。這些她都做到了。

不少殘障者有能力實現自己的目標，並能得到應有的幫助。有些殘障者卻不然。有的殘障兒童給父母帶來欣慰，而有的只帶來負擔。大多數殘障者既給父母帶來欣慰，也給父母帶來負擔，就像大多數正常的孩子一樣。

很多父母經歷風雨坎坷，將子女撫養成人。當失去方向或惡劣環境遲遲得不到改變的時候，當父母的應該認識到，外來的幫助還是必要的。雖然未必能提供安全的陸地，卻能在你的人生旅途中助一臂之力。

沒有哪個家庭會永遠一帆風順。但通往坦途的要訣卻相當簡單。你比正常兒童的家長更需要瞭解你的孩子，瞭解孩子的需求。家長都各有不同，對孩子的才能或缺陷有的聽之任之，有的則孜孜努力。他們自身獨特的個性決定了他們會是什麼樣的家長。但任何家長都是能適應孩子的需求。

最後的提示

一、殘障者並不創造奇蹟，儘管我們敬慕那極少數從劣境中拔然而出的傑出者。

二、殘障者並不會導致不良行為，儘管不良行為，常使殘障者本人及其家庭深為所苦，情感變得更為脆弱。

三、殘障者需要得到應有的關心、承認和解釋。

四、一個孩子，無論其殘障程度是輕是重，對自己是殘障者這點非常清楚，並因此會胡思亂想。

五、需要時不要拒絕幫助，以免給自己以及家人帶來危害。

六、如果一個兒童需要幾個成人的共同幫助，家長就擁有了一個由專業人員組成的大家庭。其中的每

一個成員，包括家長以及殘障者都必須以禮相待。在誰是誰家的孩子或誰的病人問題上可能會產生衝突。音樂療法、藝術療法、行動療法、物理療法、矯正法、創造法、心理分析療法、語言療法、手術療法、兒科學、

精神病學、社會服務、志願者服務，凡此種種，只要能充分發揮個人的潛力，那就都是不可或缺的。

參考資料

(Obtainable through Karnac Books, Finchley Rd, London NW 3 tel: 071 4311075) or (Nightingale Books, PO Box Shrewsbury SYIIZZ Tel: 07432 36542)

- *I have Diabetes*, Althea, Dinasaur Publications
- *Ben* (about mental handicap), Bodley Head Special Situation Picture Books
- *Rachel*--(using a wheelchair), Bodley Head Special Situation Picture Books

- □ *Peter gets a Hearing Aid* by Nigel Snell, Hamish Hamilton
- □ *Ann visits the Speech Therapist* by Nigel Snell, Hamish Hamilton
- □ *Claire and Emma*, by Diane Peter, A & C. Black. (Deaf girl learning to speak)
- □ *Janet at School* by Paul White, by Diane Peter, A & C. Black. (A girl with spina bifida)
- □ *Sally can't see* by Paul Petersen, by Diane Peter, A & C. Black.
- □ *My sister is different* by Betty Ren Wright. 1981 Raintree (about mental handicap)
- □ *Cromwell's Glasses* by Hally Keller, Hippo Scholastic, 1987. Visually impaired rabbit.
- □ *Where's Spot?* by Eric Hill, National Deaf Childrens

Society 1986

☐ *Born too soon*, Office of Health Economics, 12 Whitehall, London SW1A2DY £5

☐ *The One World Series*, 1988 by Brenda Pettenuzzo, Franklin Watts, London

☐ *I have Asthma*

☐ *I am blind*

☐ *I have cerebral palsy*

☐ *I am deaf*

☐ *I have diabetes*

☐ *I have Down's syndrome*

☐ *I have Spina Bifida*

☐ *Give Sorrow Words*. Working with a dying child, Dorothy Judd, 1989, Free Association Books

☐ *Through the Night*, by Dilys Daws 1991 Free

Association Books

□ *Mutual Respect*, ed David Brandon, 1989, Good Impressions Publishing Ltd, Hexagon House, Surbiton Hill Rd, Surbiton Surrey, KT64TZ (examples of how art and music therapists work)

□ *Mental Handicap and the Human Condition: New Approaches from the Tavistock* 1992 by Valerie Sinason, Free Association Books

□ *Jenny Speaks Out* by Sheila Hollins & Valerie Sinason, St Georges Hospital, Sovereign Series (Sexual abuse and mental handicap)

□ *Bob Tells All* by Sheila Hollins & Valerie Sinason, StGeorges Hospital, Sovereign Series (Abuse of a mentally handicapped boy)

協詢機構

□財團法人臺北市中華顎裂兒童基金會

(02)861-6605, 834-4198

臺北市德行東路90巷30弄8號2F

□財團法人中華民國心臟病兒童基金會

(02)331-9494, 331-1534

臺北市青島西路11號4F之4

□財團法人中華民國兒童燙傷基金會

(02)522-4690

臺北市中山北路二段92號

□財團法人中華民國早產兒基金會

(02)511-1608

臺北市中山北路二段92號

□財團法人中華民國羅慧夫顱顏基金會

(02)719-0408

臺北市敦化北路199號12F

□臺北市基督教婦女福利事業基金會

(02)362-7478

臺北市和平東路二段28號3F

□臺北市社會福利服務中心：殘障中心

(02)762-1608, 762-1609（專線）

臺北市民生東路五段163之1號2F

□陽光福利基金會

(02)507-8006

臺北市南京東路三段91號3F

□伊甸殘障基金會

(02)578-4507

臺北市八德路三段155巷4弄35號

～親子叢書系列～

瞭解你的嬰兒
瞭解你一歲的孩子
瞭解你二歲的孩子
瞭解你三歲的孩子
瞭解你四歲的孩子
瞭解你五歲的孩子
瞭解你六歲的孩子
瞭解你七歲的孩子
瞭解你八歲的孩子
瞭解你九歲的孩子
瞭解你十歲的孩子
瞭解你十一歲的孩子
瞭解你十二～十四歲的孩子
瞭解你十五～十七歲的孩子
瞭解你十八～二十歲的孩子
瞭解你殘障的孩子

父母的成長從瞭解孩子開始

活潑逗趣的精彩內容
讓您回味兒時的點點滴滴

—— 給大孩子們的最佳獻禮 ——

※中英對照

100%頑童手記

陸谷孫譯

Wilhelm Busch著

且看頑童又會想出什麼惡作劇的點子？惡作劇的下場將是如何？七個惡作劇故事的連綴，將有您想不到的意外發展……

非尋常童話

陸谷孫譯

Wilhelm Busch著

由中、英兩種語言寫成流暢的雙行押韻詩，串連起一篇篇鮮活的「非尋常童話」。

圖書的美色 孩子們假期裡的新鮮事

—簡明的文字
精美的挿圖
最受孩子們歡迎的
故事書—

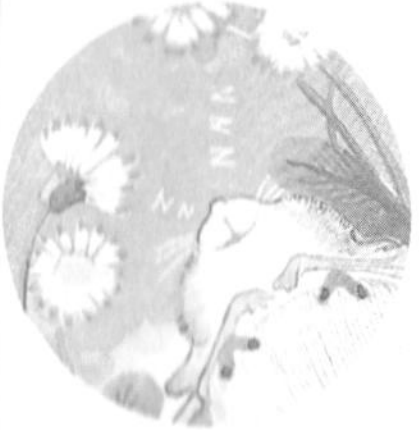

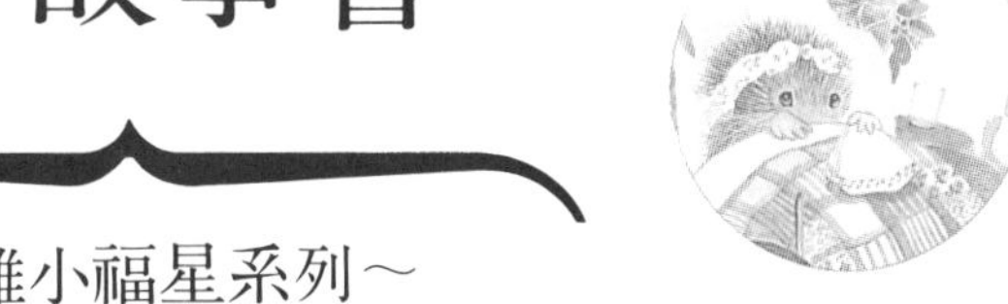

～救難小福星系列～

Heather S Buchanan著
本局編輯部編譯

①魯波的超級生日
②貝索的紅睡襪
③妙莉的大逃亡
④莫力的大災難
⑤史康波的披薩
⑥韓莉的感冒

• 三民兒童讀物伴您和孩子度過成長歲月 •

繽紛的童言童語

照亮孩子們的詩心詩情

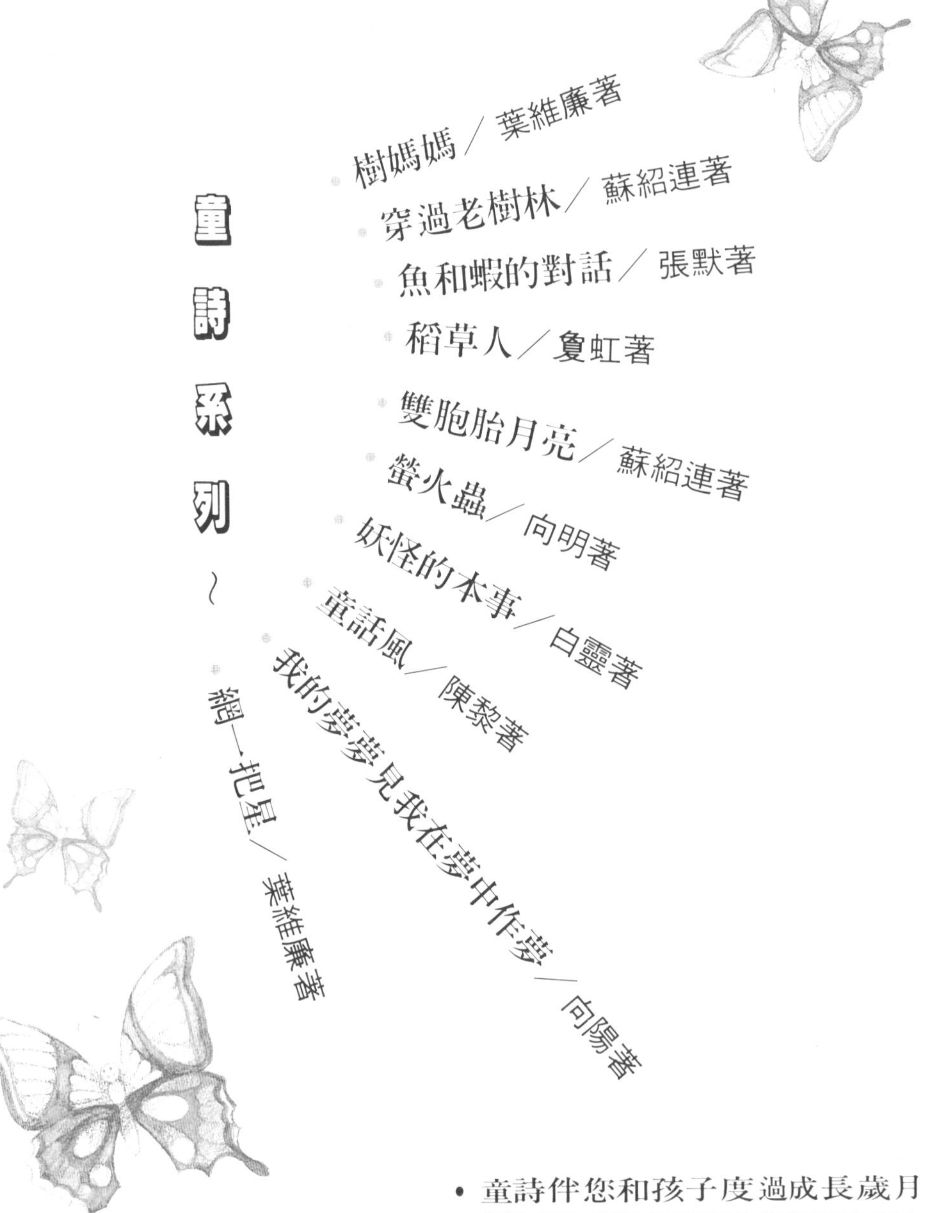

• 童詩伴您和孩子度過成長歲月